经典珍藏版

Congmingnvren Bibeide 9zhangpai

聪明女人必备的9张牌

苏琴◎著

时代出版传媒股份有限公司
北京时代华文书局

图书在版编目（CIP）数据

聪明女人必备的 9 张牌 / 苏琴著 . -- 北京 : 北京时代华文书局 , 2015.1
ISBN 978-7-80769-985-9

Ⅰ . ①聪… Ⅱ . ①苏… Ⅲ . ①女性－成功心理－通俗读物 Ⅳ . ① B848.4-49

中国版本图书馆 CIP 数据核字 (2014) 第 291859 号

聪明女人必备的 9 张牌

著　　者 | 苏　琴

出 版 人 | 田海明　朱智润
责任编辑 | 林少波
装帧设计 | 天下装帧设计
责任印制 | 訾　敬

出版发行 | 时代出版传媒股份有限公司 http://www.press-mart.com
北京时代华文书局 http://www.bjsdsj.com.cn
北京市东城区安定门外大街 136 号皇城国际大厦 A 座 8 楼
邮编：100011　电话：010 - 64267120　64267397
印　　刷 | 北京建泰印刷有限公司　010 - 89580799
（如发现印装质量问题，请与印刷厂联系调换）
开　　本 | 710×1000mm　1/16
印　　张 | 16
字　　数 | 220 千字
版　　次 | 2015 年 3 月第 1 版　　2015 年 3 月第 1 次印刷
书　　号 | ISBN 978-7-80769-985-9

定　　价 | 35. 00 元

前言

PREFACE

一个聪明的女人往往更善于把握生存之道，更善于把握住成功的机会，更善于赢得社会的认可。女人可以没有美丽的外表，但是必须拥有睿智的头脑，女人可以享受厨房的时光，但绝不能丢弃职场的风光。聪明不仅仅只是智商，更是一种情商，是一种为人处世的能力，是一种生活态度，是一种对于人生的领悟；聪明应该是一种个性，是一种生活理念。

聪明的女人应该具备强大的气场，拥有个性魅力，在众多的胭脂俗粉中脱颖而出。你不是一只依附在男人身上的“寄生虫”，而是一个有思想、有主张，具备独立意识的女人，你的存在感对于别人来说就是震慑力，耀眼的光芒和吸引力，便是那倾国倾城也难阻挡。

聪明的女人应该具备强烈的野心，拥有自己的梦想。你绝不盲目地随波逐流，而是拥有自己明确的目标，拥有自己的事业和思维方式。你在自己的梦想中尽情地游弋，尽最大的努力实现自己的人生价值。你不断地挑战自己的人生极限，拥有不输男人的雄心壮志。你的梦想和事业就是你的资本，你的野心就是你拼搏人生舞台的动力。拥有野心的女人，不是浮雕艳丽的花瓶，而是花瓶中令人心驰神往的万年青。

聪明的女人应该有分支庞大的人脉，是职场中的“交际花”，拥有众多的“助推器”。这让女人不仅能够少走弯路，还能抄近路，获得成功。

聪明的女人要有钱，有自己的经济能力，做自己的“提款机”，不在经济上受制于男人，活得轻松洒脱。聪明的女人不仅会做事，还要会来事，是生活中为人处世的“机灵鬼”，懂得察言观色，低调处事。

聪明的女人内外兼修，不仅在美丽还内涵丰富，身体芳香，内在书香。聪明的女人嘴巴甜，是一个会说话的高手，总能恰到好处地说到点子上，走到哪都吃香。聪明的女人决不在爱情上混得一败涂地，必定是驾驭爱情的高手。忠于爱情，但不盲目地追随爱情。聪明的女人不做爱情的占有者，更不是一个操控者。她们的爱情观是“随缘”。爱得轰轰烈烈，也要离得坦坦荡荡。

都说巧妇难为无米之炊，一个聪明的女人应该拥有一手好牌，而且应该善用这手好牌，掌握好出牌的方式。《聪明女人必备的9张牌》给了女人很多的建议，这些建议可以很好地指导女人该把握什么样的牌，又该如何去出牌，以此来保持更高的胜面。可以说，这本书实际上所描述的就是女性的成功学，一个女人想要更加聪明、更加成功，那么就要懂得合理使用自己手头上必备的这9张牌。

目录

CONTENTS

第一张牌　气场：做女人就是要气场强大

有些女人不动声色，就有强大的气场；有些女人没有倾城的容貌，但有慑人的魅力。昂贵珠宝，华丽衣着，出众容貌，都不是气场的来源，气场是气度，是风范，是雅量，是胸怀，是智慧，是坚韧。没有气场的女人就像是一朵没有香味的鲜花，徒有一个形体，却少了精气神。

1. 做女人就是要气场强大 / 3
2. 容貌是天生的，气场却可以修炼 / 5
3. 有主见，才能镇得住别人 / 7
4. 强大的气场来自强大的内心 / 9
5. 打造个性魅力，拥有足够吸引力 / 12
6. 优雅的气质让你脱颖而出 / 14
7. 知性的气场更令男人神往 / 17
8. 不断充电，内在富足才能气场强大 / 19
9. 让你光芒四射的三个气场要素：自信、坦诚、宽容 / 21
10. 用人格魅力去征服别人 / 24

第二张牌　野心：心中有梦想的女人了不起

一个有梦想、有野心的女人会让那些靠胭脂俗粉包裹的女人黯然失色。纵观所有成功的女人，无一例外都是梦想的追求者。正是因为对梦想的渴望和追求，才催生出她们的野心和欲望。在野心的推动下，她们才会坚持不懈地去努力，最终成就丰功伟业，实现她们的人生价值。永远记住一句话：野心有多大，人生的舞台就有多大。

1. 谁说女人不能有野心 / 29
2. 心中有梦想的女人了不起 / 32
3. 自信是女人成功的最大资本 / 34
4. 女人独立，才能成为生活的主角 / 37
5. 不怕做女强人，女人也要有雄心壮志 / 39
6. 别把自己的未来抵押在男人身上 / 42
7. 为自己设立一个远大的目标 / 45
8. 利用一切资源为自己铺路 / 47
9. 挑战极限，没有什么不可以 / 50
10. 女人的成长比成功更重要 / 52

第三张牌　人脉：贵人相助，麻雀也能变凤凰

一个人事业成功的二八法则是：80% 来自与人相处，20% 来自自己的专业技能。它告诉我们，你有多大的人脉，就有多大的机遇，就能成就多大的事情。当你靠一己之力无法达到目标时，你就需要借用别人的智慧，并且广泛地积累人脉。不懂这个道理的女人，就算拥有聪明绝世的才华，也终究会被埋没。

1. 成功不在于你知道什么，而在于你认识谁 / 57
2. 人脉决定女人的“富贵指数” / 59
3. 不是富人，也要搭几次头等舱 / 62
4. 你和世界上的任何一个人之间只隔着 4 个人 / 65
5. 慧眼识人，找出那些隐藏在普通人中的“贵人” / 67
6. 将有影响力的大人物变成你的“圈里人” / 69
7. 多结交一些优势互补的朋友 / 72
8. 女人关系网中必须要有的七种人 / 75

9. 结交“大人物”的四个注意事项 / 78
10. 给姐妹的忠告：对朋友你没有必要一视同仁 / 81

第四张牌 要有钱：有财力的女人才能活出优雅

俗话说：“靠山山要倒，靠人人会跑，靠自己最好。”尤其是对女人来说，只有经济上独立了，口袋鼓起来了，你才会获得心理上的安宁，才有资格谈尊严、谈人格、谈人生、谈幸福。所以，从现在开始，比相信男人更相信钱吧，男人的花言巧语只能哄你开心一时，你口袋里的钱却能让你的内心踏实一世。

1. 嫁个有钱人，不如自己变有钱 / 85
2. 从现在开始，比相信男人更相信钱吧 / 87
3. 有财力的女人才能活出优雅 / 89
4. 通往财务自由的第一步——对钱负责任 / 91
5. 聪明地消费，拒做“buy 金女” / 94
6. 让信用卡成为“可持续幸福”的来源 / 96
7. 女人们，请在家里牢牢掌控“财政大权” / 98
8. 聪明女人会投资——钱生钱才能赚大钱 / 102
9. 先把自己的养老生活搞定，你的人生就有大自由 / 104
10. 准备好三大资产，才能一辈子不缺钱 / 107

第五张牌 会处世：女人会做事，不如会来事

“会做事”与“会来事”虽然只有一字之差，但却关系着两种截然不同的命运。一个聪明的女人，必定是“会来事”的高手。她知道什么时候该退让，什么时候该表现。既不锋芒毕露，又不泯然众人；既不字字虚言，又不全抛一片心。她会利用社会上现实存在的人之常情，在最不利的情势下，达到最圆满的效果。

1. 世态炎凉，做女人不要太老实 / 113
2. 逢人就掏心窝子是一种幼稚病 / 115

3. 该装傻时就装傻，该聪明时绝不含糊 / 118
4. 女人要想成功，请先学会察言观色 / 121
5. 学会示弱，让人情不自禁想帮你 / 123
6. 偶尔暴露一下缺点，让别人更容易接纳 / 126
7. 适当透露点隐私，增加亲近感 / 128
8. 想获得别人的好感，就别把精明挂在脸上 / 130
9. 少数人才懂的攻心智慧：投其所好 / 132
10. 准备些“糖衣炮弹”——人人都期望被赞美 / 134

第六张牌　有魅力：风情万种比美丽更胜一筹

真正有魅力的女人永远主宰自己的命运，从不会随波逐流。如果说女人是一本书，那么漂亮是封面，魅力则是内容，仅有漂亮的封面，往往缺少可读性。靓丽的外貌令人眼动，丰富的内心令人心动，只有外貌与内心的完美结合，才会让女人看上去光彩照人，魅力十足。

1. 女人可以不漂亮，但不能没有女人味 / 139
2. 风情万种，比美丽更胜一筹 / 141
3. 从容淡定的女人最美 / 145
4. 悉心修炼品位、涵养、气度与胸怀 / 147
5. 优雅的外在形象是你的第一张名片 / 150
6. 每天出门，请保持出镜般的妆容 / 152
7. 让自己的一举一动变得赏心悦目 / 155
8. 不能变年轻，就培养一颗高贵的心 / 157
9. 时尚让你永远成为焦点 / 159
10. 内外兼修的美丽，不会因为年龄而消退 / 162

第七张牌　嘴甜：会说话的女人走到哪儿都吃香

气质优雅的女人，往往口齿流利、谈吐大方，知道什么时候该说什么话，兼顾幽默风趣。当她们张开嘴时，口中吐出的是具有独特芳香的“莲花”，这样的女人走到哪里，都能给人留下美好的印象。如果你也想成为这样的女人，不妨从今天开始，培养自己的口才，为自己的气质增添一抹亮色！

1. 嘴甜的女人，走到哪儿都吃香 / 167
2. 磁性的声音可以征服男人 / 169
3. 女人怎么说，男人才肯听 / 171
4. 说话看对象——见什么人说什么话 / 174
5. 切记：说话看情况，别“哪壶不开提哪壶” / 176
6. 话要从对方得意的事情说起 / 179
7. 恭维对方时，要找准其穴位 / 181
8. 学会有目的性地对话，莫被牵着鼻子走 / 184
9. 做个谈吐幽默的女人 / 187
10. 不会说“不”，永远都难成高手 / 190

第八张牌　爱情：他们天生被她吸引

大部分男人只把自己辛苦得来的东西当作宝贝，就像网络游戏中的角色升级一样。爱情也是如此，太容易得到的，男人往往不懂珍惜。女人千万不要把自己乖乖奉上，一定要学会“伪装”，学会拒绝，学会在婚姻和恋爱中强大自己。

1. 为何女人付出得越多，越拴不住男人 / 195
2. 太容易得到的，男人往往不懂珍惜 / 197
3. 爱情的路上，千万不要让自己的母爱泛滥 / 199
4. 男人是野生动物，喜欢追逐的快感 / 201
5. 聪明的女人一定不要做“红颜知己” / 204
6. 就算他是王子，你也不能卑贱地爱 / 206
7. 婀娜地走开，才不失风范 / 209
8. 做高贵神秘的女王 / 212
9. 用性别优势去成功——女人，就是天生的优势 / 214

第九张牌　事业：为工作而生活，女人因事业而美丽

女人不到万不得已，一定不要去做“全职太太”，每天只知道围着公婆转、围着丈夫转、围着孩子转，那样你永远都不可能活出自己的精彩。女人一定不能让男人小觑了自己。无论你是富是贫，都应该有一份工作，拥有一份事业。你完全可以骄傲地享受工作，以强者的姿态和男人共担责任、共担风雨，成为打不倒的“半边天”。

1. 为工作而生活，女人因事业而美丽 / 219
2. 不做职场中的“怨妇” / 222
3. 付出才有回报，做事就要兢兢业业 / 224
4. 提升工作能力，让事业之花不断绽放 / 226
5. 工作不是挣钱，而是挣未来 / 229
6. 在办公室千万不要树敌 / 231
7. 学会和不喜欢的同事相处 / 233
8. 站队是门很深的学问 / 235
9. 爱上你的工作，但最好不要爱上你的老板 / 238
10. 为工作而生活，不要为了生活而工作 / 240

第一张牌 气场：做女人就是要气场强大

有些女人不动声色，就有强大的气场；有些女人没有倾城的容貌，但有慑人的魅力。昂贵珠宝，华丽衣着，出众容貌，都不是气场的来源，气场是气度，是风范，是雅量，是胸怀，是智慧，是坚韧。没有气场的女人就像是一朵没有香味的鲜花，徒有一个形体，却少了精气神。

1. 做女人就是要气场强大

在日常生活中，我们常常会发现这样一些女人，尽管她们刻意保持低调，但是只要她们出现在人群中，就总是能够轻易吸引所有人的目光，她们能够在众多人当中散发着独特的魅力。她们未必美艳绝伦，未必穿着华服，未必刻意展示自己的实力，但无论如何都会让别人强烈地感受到她们的存在。这种强大的内在吸引力和气势实际上就是一种气场，而一个女人如果想要获得更多的关注，想要成为独一无二的焦点，那么就应该努力去打造属于自己的强大气场。

气场强大的女人时而给人以压迫感，但是这种压迫感不会让人感到紧张，而是让人着迷；气场强大的女人有着内在的独特气质，这种气质是天然的，毫无做作感；气场强大的女人未必让人感到惊艳，未必光芒四射，但是她身上总有让人无法拒绝的魅力；气场强大的女人往往不会因为时间而褪色，不会因为年龄而变得黯淡无光。一个女人如果拥有强大的气场，那么她在生活中必定是独一无二的，她在别人的印象中也会是独一无二的，这样的女人往往可以更好地展示自己。无论其他女人多么出色，无论其他女人多么惊艳，只要她站在那里，那么就不会被人埋没，不会陷入到平庸之中。

在中国影坛，张曼玉一直占据着重要的地位，张曼玉虽然是选美出身，但她的美貌并不算出众，在她出道的时候，很多人并不看好她，认为她不过是一个花瓶，就连她的朋友梁朝伟也认为她在影视圈中前途渺茫，断言她不能依靠演戏来获得成功。

可是在多年的演艺生涯中，张曼玉通过不断的磨练，渐渐成为一个演技派的演员。到了 1988 年，王家卫的电影《旺角卡门》为张曼玉的演艺事业打开了新的道路。在王家卫风格鲜明的影片中，张曼玉真正理解了什么叫演戏。之后她分别扮演了《阮玲玉》中娉婷风姿的阮玲玉、《新龙门客栈》中风情万种的老板娘金镶玉、《青蛇》中缠绵妩媚的小青、《甜蜜蜜》中经历苦涩爱情的李翘和《花样年华》中顾盼生情的苏丽珍，等等。她后来扮演的每一个角色几乎都成为了经典，而且各具特色。

随着时间的沉淀，张曼玉身上的魅力越来越浓烈，很多人都认为她或许是中国电影史上最具气场和气质的女演员，她身上蕴含着东方的肃静神韵和西方的明艳光彩，这个在银幕上具有千种面貌、万般风情的女人，几乎成为了所有影迷心中的偶像。事实上，近年来随着年龄的增长，张曼玉已经很少出现在公众面前，但是只要她一登场，哪怕是在众星争艳的舞台上，这个气定神闲、平淡自然而优雅华贵的女人也能轻易俘获其他人的目光，因为她浑身都散发着独特的魅力，这种魅力是从生命深处散发出来的。而这正好印证了西方的一句谚语：所谓美女，是时光雕刻而成的。

事实上，每个女人都渴望得到别人的认同，都渴望成为舞台上的焦点。夺人眼球几乎是每一个女人的梦想。欧莱雅（中国）有限公司总裁盖·保罗曾经说过："女人可以不美丽，但是不应该平庸，平庸是女人对自己犯下的最大罪孽。"也正是因为如此，很多女人都渴望变得更加与众不同。

那么，如何才能成为一个与众不同的女人呢？最重要的就是要有魅力，而一个女人的魅力应该是由内而外，这样的魅力才更具持久性，而且更有吸引力，更能够让自己拥有更强大的气场。

有个作家说过："女人都是水做的，而一个优秀的有魅力的女人应该做到水平如镜，但是一定要由内而外散发出那种汹涌澎湃的冲击力。"其实这种内在的冲击力就是一种气场，它虽然是无形的，但是却具有强大的吸引力，只要你一出现，所有的人都能够感受到你的存在，都能够将目光转向你。

一个聪明的女人就应该懂得主动去修炼自己，打造出属于自己的强大气场，要利用内在的那种魅力来俘获人心，来赢得所有人的认可。只有这样，你才能够成为独一无二的女王，才能做那个最鲜明的自我，才能够在生活中获得更多的关注。即便时间流逝，即便岁月如梭，也能依然气质超群，依然在人群中美丽绽放。

2. 容貌是天生的，气场却可以修炼

“气场在女人身上就像一朵花，你有了它，别的就不必有了，如果没有，不管你有什么，都无足轻重。”气场这么好，它属于什么样的女人呢？是蕙质兰心，还是高贵典雅？是温柔贤惠，还是刁蛮可爱？属于你，属于我，还是属于她？其实，每个人有每个人的气场，一只再丑的鸭子也会有独特的魅力之处，不同是的，那只鸭子是聪明的还是愚蠢的。一个聪明的女人知道什么可以让自己魅力大增，而笨女人只能做些有损自己气场的动作。

气场一般存在于温柔性情的女人身上，这种女人可以不漂亮，但是却拥有以柔克刚的力量。女性本身的温柔像极了中国的太极，她不需要用什么坚硬的利器去与敌人斗争，只要用那股柔情就可以抵挡万夫之勇。她坚毅，独立，有头脑，知道什么可以放弃，什么寸步不移。当然，这种女人更知道什么时候去安慰男人，而且在不动声色之中就捕获男人的真爱。这不是魅惑，而是魅力，即便真是魅惑，也是男人因为女人的魅力而“迷惑”。

子楚不知道什么时候起就开始想念一个女人。以子楚的骄傲，他知道自己不应该想念那个女人。他——一家广告公司的首席设计师，一个标准帅哥，怎么可能会看上一个普通小职员？不管子楚相信不相信，这个女人

真的走进了他的心，而且是在他毫无防备的时候。

她穿着也不是很特别，长相也就一般，如果非要比别人强的一点，那就是她长得比较白。对了，她还喜欢浅笑。第一次见面，子楚准备上电梯，但是自己离电梯很远，眼看着电梯的门关了，但是电梯突然开了，子楚看到了这个女人明媚的笑，闻到了她的发香。下了电梯，女人问："请问你知道总经理办公室怎么走吗?"子楚用手一指就走了。后来这个女人就成了她的部下。

公司的十周年纪念日开了一个很大的PARTY（聚会）。在浓妆艳抹的同事中间，这个女人像一支高贵的百合。当大家都在舞厅跳舞的时候，子楚并没有看到这个女人，而是在钢琴旁边看到正在为同事弹奏舞曲的优雅身影……以后，他似乎就开始关注这个女人了，关注她的设计图，关注她桌子上那支悄悄开放的水仙，关注她衣襟上的蕾丝，甚至耳朵上的耳钉……

子楚不得不承认，这个女人要比其他女人更难对付。一年后，公司里的单身大师——子楚，娶了这个女人，此时这个女人已经到另外一家广告公司做设计，而且做得相当好。

女人，什么是你的气场？是的，你可以没有天生丽质，但是你有自信的微笑，有后天的艺术修养。你可以用文化让自己沉淀，用音乐让自己性灵，用舞蹈让自己优雅，而这些都是一个女人的韵味，一个女人的气场。

当然，气场女人还有她的另一面。成熟大度的她懂得人生的不平坦，真心带来的并不都是友谊，可能还有背叛；真爱付出的并不都收获爱情，可能还有虚情假意。但是，气场女人不会纠缠这些没有必要的事，而是反省自己不给他人伤害自己的第二次机会。关于信念，她还会勇敢地坚持，懂得什么时候自己应该柔情似水，什么时候应该含而不露。

气场的女人是快乐的，所以，我们总能看到她们明媚的笑。她们在懂得了人生严酷的时候，学会了去享受人生的美好，用心去品味自己的每一分钟。更多的人在气场的女人身上看到了豁达的胸襟，感受了生活的美妙，由此也更愿意和她在一起，和她一起分享人生。

3. 有主见，才能镇得住别人

人际关系行为学家汤姆博士在研究两性关系的时候，提出了一个观点：为什么长久以来，女性一直都屈居于男人之下，成为男人的附属品，不仅丧失了话语权，而且在社会地位上也明显低男人一等？其实造成这种社会现象的原因不仅仅在于男人更加强大，而女人显得比较弱小，更重要的是在于女性通常都缺乏主见，无论做什么事情都渴望从男性那里寻求足够的帮助，这样一来，女性慢慢失去了对生活的自主控制力，也失去了话语权和相应的权威，这样一来，她们就难以更好地说服他人。

实际上，女人想要变得更有说服力和控制力，首先就要懂得独立自主，要在思想上有自己的看法，有自己的思维方式和价值观。只有这样才能实现自我救赎，重新掌控生活。其实随着社会的发展和文明的进步，女性的重要性以及社会地位不断得到提高，她们的能力和价值有了更多展示的机会，在社会活动中所起的作用也越来越大，以至于很多时候，我们都将女性比喻成"半边天"。

当然，那些善于表现自己，能够拥有话语权且具备一定说服力的女性，通常都很有想法和主见，正因为她们拥有自己独特的思维方式，且敢于将这些想法表达出来，她们才会变得更加有魅力，才能赢得更多人的尊重，别人也愿意听从她们。

哲学家亚里士多德说："只要肯开口，你可能就把握了一切。"对于女人来说也是一样，有些女人习惯了随波逐流，习惯了跟着别人去走，从来都不会"自作主张"，也没有所谓的自己的主张。既然自己都没有立场，没有属于自己的观点，那么必定会人微言轻，相信你所说的一切都不会被人重视，更不会被人接纳，自然也就镇不住别人了。所以一个女人最重要的不是要看自己是不是足够博学，不是看自己是不是足够听话，而是要懂得保持独立，要拥有主见，这样你才能让别人信服于你。

美国前国务卿赖斯，是一位相貌平凡的黑人女性，她并没有什么出色的背景，也没有什么巨额的财富，可以说这样一个来自草根阶层的黑人女性能够步入美国国家权力中心，本身就是一个奇迹，而创造奇迹的关键就在于赖斯是一个很有主见的女人。很多和赖斯有过接触的人都知道，赖斯是一个喜欢发表自己的看法且坚持自己想法的强势女人，也正是因为她很有主见，善于表达和坚持自己的观点，才为她赢得了所有人的尊重。

实际上，赖斯原本只是一个非常普通的人，26 岁的时候，她获得了博士学位，并很快去斯坦福大学担任助教，那时候她的人生道路是在大学中度过的。不过 1987 年，老布什的智囊团成员之一斯考克罗夫特在斯坦福大学发表演讲，结果在那一次演讲中，斯考克罗夫特只听了赖斯几句简短而富有特色的致辞，就感觉到这个黑人女青年非同一般，毕竟并不是所有人都能够说出那样的话的。

不仅如此，那一次，斯考克罗夫特发表了有关苏联的言论，虽然赢得了学生和老师的阵阵掌声，不过赖斯还是毫不犹豫地站起来纠正了斯考克罗夫特的一些错误观点，而且赖斯也针对苏联发表了自己的一些看法。这些话让斯考克罗夫特感到惊讶和欣喜，他原本还想和这个爱出风头的女青年争论，但是很快他就被对方这些出色的观点所折服。当赖斯提出自己的观点时，斯考克罗夫特认真倾听，并且给予了热烈的掌声。

一年之后，老布什担任美国总统，而斯考克罗夫特有幸成为了总统的国家安全事务助理，这时候他毫不犹豫地向老布什推荐了赖斯。一开始老布什并没有太过重视赖斯，但是当他发现赖斯的分析能力和判断能力非常强，而这是非常难能可贵的，为此他也曾多次就国家国际问题而向赖斯寻求帮助，后来老布什就将赖斯推荐给了儿子小布什。

实际上，小布什为人有些独断，他并不喜欢别人过多地干涉和反对自己，可是赖斯却并不理会他，总是就事论事，直接提出自己的观点。而正是因为如此，小布什反而开始信任和尊重赖斯。后来小布什成功竞选总统，这个时候，他毫不犹豫地任命赖斯为国务卿，此举招来很多人的质疑和批评，可是小布什却真诚地说："美国将会发现她是一个聪明人，我一直都相信她的判断力。"而事实上，赖斯通过出色的表现，很快就赢得了美国人民的尊重。

其实，想要征服别人，想要让别人信服，就需要提出自己的观点，就需要拥有自己的看法和理解能力，试问一个没有主见、没有立场的人，最终依靠什么去劝服别人，去赢得别人的尊重呢？

当然，想要成为一个有主见的女人，就需要认识自己，需要形成自己的思维和个性，与此同时不要因为别人的看法而轻易怀疑自己。香奈儿的创始人香奈儿女士常常会对自己的员工说："你的设计没有什么异于常人的地方，那就是一种失败。"做到与众不同，这本身就是一种主见，而这样的女人才有足够的话语权，才具有独特的魅力和气场，大家才会因为你独特的独立的观点而折服。

4. 强大的气场来自强大的内心

气场不是排场，不是外在的装饰，而是一种由内而外的气质和魅力，而这种魅力实际上来源于我们的内心，可以说气场强大的人往往拥有一颗强大的内心。

1992 年，美国心理学家皮克·菲儿在华盛顿发起了一项名为"每个人都有吸引力"的运动，皮克通过这项运动旨在提醒人们，其实每个人都具有独特的魅力，而你要做的就是挖掘这种内在美并认识它。皮克说："一个人的社会价值首先体现在他如何看待自己，当他自卑时，他对社会将毫无贡献，这是没有疑问的；只有自信并愿意展现自信的人，才拥有向外辐射的强大气场。他们的自信会影响周遭的环境，形成一个独特的具备强大感染力的辐射场，从而轻易地征服别人。”

在这里，皮克·菲儿认为认可自己是提升气场的一个重要部分，当你发现自己的能力并认可自己时，你不仅能够更加轻易地完成工作，还可以将这种情绪感染到别人，你会让别人觉得你是有能力的，值得依靠的，是具有强大的信念的。比如那些经常保持微笑的女人，往往让人觉得很有魅力，原因很简单，一个能够在各种困难面前保持微笑的人，必定有着强大的信念，这种信念足以让人为之折服。

实际上，很多气场强大的人都愿意相信自己，都能够准确发掘和利用自己的能力，无论做什么，无论面对什么，她们都有足够的勇气和信心去完成挑战，不会轻易退缩。前美国第一夫人希拉里，向来以强势闻名，她一度成为了全球女性的偶像。而在丈夫退出政坛之后，她自己决定再次向白宫进发，她渴望成为白宫的新主人，尽管在2008年，她在党内竞选中输给了奥巴马，但她还是决定卷土重来。很多人都不理解她为什么这么执着，实际上美国还没有出现过一个女总统，人们大概也不会接受一个女总统的存在。不过希拉里对此很淡定，她将自己定位为创造历史并改变美国的人，并且为此不断努力。而这种强大的信念甚至征服了奥巴马，他由衷地称赞希拉里将是下届所有总统候选人的噩梦。

据说有一次希拉里和克林顿乘车时路过一个加油站，希拉里告诉克林顿，自己曾经差点儿嫁给那里的一个加油工人。这时克林顿自豪地说：“你要是嫁给他，那你就失去了一个总统丈夫。”孰料希拉里微微一笑：“如果当初我嫁给了他，那人极可能就是今天的美国总统。”由此可见，希拉里对自己的政治智商非常认可，对于自己的天赋和能力也感到很自豪。

对于想要变得更加优秀的女人来说，并非每个人都要努力成为希拉里那样的女强人，但是自我认知和自我认可通常是不可或缺的。有人说“自我认可的女人最美”，“自我认可的女人最具魅力”，这实际上证明了强烈的自我认知和自我认同感完全可以提高女人的强大气场。

当然，想要拥有一颗强大的心脏，那么除了自我认同感之外，女人还应该具备强大的承受能力和意志力。毕竟生活中免不了会出现各种困难，免不了要遭遇挫折，对于女人来说，如何面对和克服这些问题往往至关重要。毕竟女人想要树立更好的形象，想要赢得更多的关注和欣赏，就应该在生活中表现得更加有韧性。你要让所有人都知道自己可以是一个有故事的女人，可以经历风雨，可以具备强大的意志力，这种韧性往往让女人更具魅力。

虽然你貌美如花，却经不起岁月的侵蚀；虽然你才华横溢，却总是轻易被挫折所击垮；虽然你拥有高贵的梦想，可常常在半途上折戟沉沙。如果你没有足够强大的意志力，那么你的气场实际上也不会存在，因为别人更关注的是你的态度。你对于生活、对于工作的态度实际上比你做什么、比你拥有怎样的能力更加重要。缺乏意志力的人，往往没有办法去做一些让人生增色添彩的事情。

意志力薄弱的女人也许会成为一个躲在男人背后抹眼泪的小女人，也许缺乏自信，也许骄傲自大却又极度自卑，也许没有立场、没有信仰、没有目标，她们总是犹豫不决、心不在焉，甚至沾染恶习。试问：这样的女人哪里会有什么气场，哪里会存在什么吸引力？

女作家海伦·凯勒从小就因为猩红热而丧失了视力和听力，她的导师沙利文告诉她：“美国有很多你这样的孩子，你也可以和他们一样接受命运的安排，同时失去热爱生活的机会。”海伦于是开始克服重重困难，努力去学习沙利文女士教授的方法，用双手了解一切。而正因为拥有强大的意志力，她最终克服了病魔，不仅成功完成了学业，而且还成为了著名的教育学家、社会活动家、作家。

当海伦·凯勒获得成功之后，人们开始像对待电影明星一样追逐她，开始将她奉为时代的偶像，而每次她一出现在公众面前，就会成为全场的焦点，并引发强烈的欢呼。当时的作家马克·吐温给予了她很高的评价："19 世纪出现了两个伟大的人物，一个是拿破仑，另一个是海伦·凯勒。"由此可以看出她的气场有多足。

有句话说："心有多大，你的舞台就有多大。"我们也可以说："一个人的心有多强大，你的气场就有多强大。"如果一个女人想要增加自己的气场，想要成为舞台上最具吸引力和魅力的明星，那么最重要的就是要拥有一颗强大的心脏，要提升内在的动力和支撑力。只有内心变强了，这种强势才会由内而外慢慢散发出来，才会影响别人对你的看法。

当女人用勇气去面对生活并承受生活的重担时，当她们的灵魂变得更加坚韧时，当她们善于发现自我并承认自我时，这种灵魂深处的魅力就会成为鲜明的个人标签，就足够让人光芒四射、熠熠生辉。

5. 打造个性魅力，拥有足够吸引力

虽说英雄爱美女、男人爱美女，但并不是每个女人都貌美如花，甚至可以说，相貌平平的女人居多。即使没有漂亮的容颜，女人也不必自卑沮丧。因为容颜易逝，不过是外在之美，就算漂亮的女人，也有老去的一天。只有充满个性魅力的女人，才有深刻的底蕴，从而由内而外散发出美好的气质。所以，女人要重视打造自己的个性魅力，这才是成熟的标志。

美容大师克莱尔·玛娜曾提出过一个著名的修炼个性魅力的公式，叫"三分姿色 + 一分化妆 + 二分服装 + 二分首饰 + 二分手袋 = 百分之百美人"。这与我们常说的"三分长相，七分打扮"异曲同工。

相貌不够，打扮来凑，这固然可以提升女人的形象气质，增加女人的个性魅力，但仅仅靠外在的打扮远远不够，还需要有内在的修炼。只有内

外结合，才能让女人魅力四射，就算相貌平平，也能风情万种。

魅力女人要有自信，自信的女人最美丽。

在这个处处竞争激烈的社会，那种消极自卑、自怨自艾的软弱女人，难以赢得周围人的认可。在这个“男人追求成功，女人追求幸福”的时代，女人只有充满自信，才能自我拯救，活得精彩。男人欣赏自信乐观的女人，喜欢和自信的女人交朋友，更愿意与自信的女人共度余生。因为自信的女人可以让男人背负的精神压力小一些，从这个角度来说，自信的女人在男人眼中更有魅力。

魅力女人要自尊自爱，要有一颗高贵之心。

高贵并不一定是指出身豪门、家世显赫，而是指心态上的高贵，要学会自尊自爱。那种放荡轻浮的女人或许能激起男人的欲望，但绝对无法长期留住男人的爱慕之心。男人真正欣赏的是自尊自爱的女人，这种女人让男人放心，而且乐意为之付出真爱。

在小仲马的《茶花女》中，男主角爱上了茶花女，只因茶花女身上有一种高贵的气质，又充满女人味。这种女人能带给男人信心和勇气，能激励男人的斗志，从而赢得男人的欣赏和爱慕。因此，女人要学会自尊自爱，懂得爱自己，才能更好地爱别人，从而赢得别人的爱。

魅力女人要善良通达，有良好的教养。

女人应该善良通达，内心深处怀有善良，为人处世善解人意，待人接物知书达理，表现出良好的教养。教养是一种潜在的品质，它不会随着岁月的流逝而失去光泽，反而越发耀眼迷人。

18 世纪末政治家、思想家勃客曾这样评价女人的教养：“教养比法律还重要……它们依着自己的性能，或推动道德，或促成道德，或完全毁灭道德。”那么，什么是教养呢？教养不是随心所欲，不是唯我独尊，而是一种平易近人，是一种亲和力，是尊重他人、善待他人、倾听他人的修养。女人真正的教养源于一颗热爱自己、热爱他人的美好心灵。

魅力女人要有淡雅的妆容，清新可人。

所谓一分妆容要淡雅，女人的妆容要适度，要似有若无，这才是最高的境界。女人年过三十，最好不要使用黑色的唇膏，即使艳红的唇膏也要慎用。女人的眉要修得适合脸型，眉影要清晰自然。女人的粉底要细致透明，不可像刷墙一样胡涂乱画，白是白了，但却没有美感。当这些做到了无误时，女人才有清新可人的形象。

魅力女人服装要得体，不可高调另类。

衣服对女人的作用除了保暖、御寒、遮羞之外，还有扬美抑丑的功效。穿衣是一门学问，一本书也写不完，其关键在于着装得体。女人穿衣服要考虑自己的身份、年龄、职业、场合等因素，这样才能穿出品位，穿出个性，穿出魅力。

穿长裙可以展现女人的温柔飘逸，穿短裙可以展现女人的性感简约，穿牛仔裤可以展现女人的精练……不管哪一款，适合自己最好。切忌穿得过分露骨，不伦不类，高调张扬，否则，不但没有美感，反而引人非议。

魅力女人要有精美的配饰，方可锦上添花。

如果女人是红花，那么，配饰就是绿叶，红花有了绿叶作陪衬，才能姹紫嫣红，多出几分娇媚。恰当的配饰对女人的魅力而言，可以起到画龙点睛的作用。作为一名女子，翠绿的手镯、银白的珍珠项链、铂金的指环、镶钻的耳钉和发卡等，一样不可少。当然，有些贵重的配饰若没有，女人也不必叹气，用好手中的配饰，也能帮你一展芳容。

6. 优雅的气质让你脱颖而出

一个优秀而具有魅力的女人最需要什么，有的女人说是具备出众的才气，有的女人则希望得到过人的智慧，有的女人非常渴望拥有富可敌国的财富，还有很多女人认为自己最好是拥有曼妙的身材和绝美的面容。但实际上，生活中那些最受欢迎，那些知名度最大，那些最具气场的女人大都有一个特性，那就是优雅的气质。

有才学、有智慧的女人未必能够处理好人际关系，身家丰厚的女人很容易滋生拜金主义，身上的金钱味可能太重，而美丽的容颜很容易被时间抹杀，这些女人也许在短时间内能够夺人眼球，能够被人羡慕和追求，可实际上却始终没有办法牢牢抓住人心，自然没有办法在人群中脱颖而出。一些只注重物质包装的女人也许会落入俗套，成为人人鄙夷的角色。

其实一个女人的美应该是由内到外都散发出来的，这样才能真正让人动容，而优雅的气质则刚好具备这样的功能。优雅本身就是一种魅力，它赋予了女人更多的女人味，让女人更加从容有风度。优雅的女人对生活、对美，往往有非常独到的见解，她们拒绝流俗，拒绝盲从，拒绝做作。无论何时，她们都显出自然脱俗的气质；她们简单质朴却内涵丰富，拥有深厚的底蕴。优雅的女人情感细腻，感情丰富，有着博爱精神和宽广的胸怀；她们的言行举止落落大方，总是让人觉得很舒服；她们内敛沉稳，没有丝毫咄咄逼人的气势；她们不会卖弄才学，不会炫耀财富，不会以社会地位来为自己宣传，而是保持睿智和低调的本色。

著名女主持人杨澜就是一个优雅的女人，几乎所有的嘉宾在接受她采访的时候，都会被她优雅的气质所感染，无论他们的气场多么强，无论他们的社会地位多么高，杨澜都能够从容应对，都能够用自己的气场来影响他们的态度。事实上，很多嘉宾都认为杨澜是一个秀外慧中的东方女人，是一个典型的优雅知性的中国女人。

有位外国名人在接受杨澜的采访后忍不住赞叹，他说在西方国家，很多主持人尤其是女主持人都过多地注重技巧，她们总是想方设法从你嘴里套出一些有价值的话，这样你不得不去防备，所以很多时候，嘉宾在接受采访的过程中会觉得很累。而在杨澜这里，他更多的是感受到亲和力、真诚、优雅的气质，这种气场会在无形中影响他的情绪和态度，所以他愿意坦诚相对，说出自己心中最想说的话。

如果说女人如水，那么优雅的气质更是衬托出了女人的柔美，而且这种气质绝对可以水滴石穿。有人曾经对一些公关公司做过调查，结果发现那些女公关通常都不是公司里最美丽的女职员，而是气质最出众的女人。很显然，一个气质优雅的女人，她浑身都散发着难以抵挡的魅力，这样的魅力往往能够轻易俘获客户的心，毕竟美好的气质总是更有说服力和感染力。

其实在很多行业中，都是这样，美貌总是能够在人际交往中为自己加分，毕竟形象上的优势往往可以转化为社交优势，不过很多时候，优雅的气质要比美貌更加重要。有个贵妇人曾经对香奈儿说："你应该更多地为我们这样的人打造美丽的产品。"香奈儿回复说："我崇拜美，但是讨厌所有仅仅只是漂亮的东西。"她认为优雅有气质的女人才最吸引人，优雅的女人才更容易成为人群中的焦点。所以香奈儿多年来一直致力于香水、服装和珠宝设计，为的就是把全世界爱美的女性塑造成优雅人士。正因为本着这种高尚的目标，香奈儿品牌一直成为时尚优雅的代名词，它也因此成功抓住了女人的消费心理。

每个女人都希望让自己变得更加出众一些，而优雅的气质确保了女人能够具备更加独特的魅力，就像奥黛丽·赫本一样。这位世界级的美女在出演《罗马假日》之前，不过是一个花瓶美女而已，但是她在《罗马假日》中清新脱俗、优雅动人的形象很快深入人心。当时多数人都喜欢玛丽莲·梦露的那种性感美，但是赫本的出现迅速改变了大众的审美观念，而她也成为了全世界男性心目中的女神和情人。

所以女人不能太过重视外表，不能过于重视外在的形式主义，而应该专注内心，应该注意培养自己优雅的气质，要让自己浑身都散发出独特的女人味，这样才能够确保自己在生活中更加从容，更加有魅力。

7. 知性的气场更令男人神往

据说当年大才子司马相如受邀到卓文君的家中做客，结果卓文君被他的一曲《凤求凰》所打动，决定与司马相如私奔。很多时候我们只知道因为司马相如才华过人，所以才能赢得美人的芳心，但实际上卓文君当时其实已经嫁过人，是一个寡妇，而司马相如虽然落魄，却也心高气傲，他为什么会看上卓文君呢？原因很简单，卓文君出生于富贵之家，从小就学习琴棋书画，才气逼人，如果我们看过她写的《白头吟》和《诀别书》，就知道这个女人实际上浑身都散发着浓烈的书卷气，何况她还是一个非常善良有内涵的女人，为了爱情心甘情愿放弃优越的生活，这样的女人无时无刻不散发出知性美。可以说，正是由于这种独特的气质，才使得司马相如喜欢上了卓文君。

很多女人认为只要自己漂亮，只要自己足够贤惠和听话，那么就一定能够赢得男人的欢心。实际上知性的女人往往才更能够受到男人的欢迎，才更具有吸引力和魅力。所谓知性，通常是指举止优雅、落落大方，为人识大体且很有内涵。知性女人往往很善良、有文化、有内涵、有故事。这样的女人自然典雅，藏着淡淡的诗情画意，往往具备更多的韵味和女人味，因此更有男人缘和气场。

提起唐玄宗的爱情，很多人第一印象就是那位位于四大美女之列的杨贵妃，杨贵妃的确美艳动人，说她艳压群芳并不为过，也正因为如此，她多年来一直深受唐玄宗的宠爱。不过实际上在唐玄宗的后宫之中，还有一位妃子同样深受宠爱，甚至可以说和杨贵妃平分秋色，她就是梅妃。

其实，若论相貌，梅妃和杨贵妃还是有差距的，但是梅妃的优势在于拥有知性美。首先梅妃是一个不喜欢争宠的人，待人谦和善良，为人处世内敛沉稳，外貌上则清新脱俗，而且她还是一个才女，这样一个娴静大方、内敛知性的女人让唐玄宗非常敬重。因此即便是在杨贵妃受宠的时候，唐玄宗也经常跑到梅妃那里相会。安史之乱爆发之后，梅妃不甘被叛军抓住，于是跳进枯井中保住了自己的贞洁和爱情，这让唐玄宗伤心不已。

其实，知性美一直以来都是女人的撒手锏，因为漂亮的女人终究会在岁月的摧残下香消玉殒，而知性的女人则会随着岁月的沉淀而变得更加成熟有韵味。这就像一块璞玉一样，随着时间的打磨而日益变得晶莹剔透。知性女人也许算不上国色天香，但是却很有才情，而且温和善良，气质出众；她们偶尔感性却从不张狂，典雅高贵却不孤傲冷漠，沉静内敛却不失平和风趣；知性的女人是饱满的，有风度，有气质，有故事的，她们并不是那种单薄的平面的美，而是立体的、充实的；知性女人是健康积极的，对于生活的心态也是开放的、感恩的。

正因为如此，知性的女人往往更加受人欢迎，男人们在面对知性女人的时候，常常会被对方的言行举止所吸引，会被对方散发的独特气质而打动。实际上那些知性的女人往往更容易成为大众情人，更容易被人认可和接受，而那些美丽的女人很可能只是当一个一时风光的花瓶。

所以，女人如果想要让自己变得更具魅力，想要让自己成功抓住别人的心，那么就要懂得主动去修炼自己的知性美。

首先，要做到谈吐优雅、举止得体。对于一个女人来说，言行举止往往体现了她的素质和修养。如果动作粗鲁，脏话连篇，站没有站姿，坐没有坐姿，那么别人只会对她留下不好的印象，甚至敬而远之，但优雅大方的行为举止显得非常得体有涵养，让人觉得非常舒服，别人也会觉得她非常有内涵。

其次，穿着要得体。女人都喜欢浓妆艳抹，以此来博取眼球，但穿着艳丽、怪异往往给人不好的印象，别人还会觉得你这个人比较浮华轻佻，不够稳重。其实，穿着应该简单流畅，色彩应当稳重简单，一般以黑白灰以及米色、咖啡色为佳，一些素雅的颜色也不错。

再次，多阅读。在封建社会，“女子无才便是德”几乎成了真理，可实际上女人应该多读书，这样不仅可以扩展视野，还能够学习更多的知识，了解更多为人处世的道路，更重要的是，读书可以修身养性，提升个人的气质。一般来说，喜欢阅读的女人，有才气的女人更容易和知性沾上边。

实际上想要成为知性女人，想要拥有强大的气场，那么女人应该多花时间在一些生活细节上，要尽量让自己的言行举止看起来更加得体大方，通过不断的培养和磨练，通过时间的沉淀，女人身上就会慢慢散发出知性美。

8. 不断充电，内在富足才能气场强大

随着女性越来越多地参与到社会工作当中来，女性的地位越来越高，对于社会的影响和作用也越来越大。当然，为了让自己更有说服力，让自己更有价值，那么女人也需要不断充电，要让自己变得更有学问，让自己的工作能力变得更强。简单地说，现代女性想要营造自己的气场，就需要及时充电。

为什么很多女人具有很高的威信，为什么别人都愿意心甘情愿地听从她的调度，愿意以她为中心，这并不是因为她的社会地位有多高，并不是因为她多么有钱，而是因为她有能力，她有那样的资本和能力来要求别人，她拥有更多的话语权。

而想要获得更多的话语权，那么就要主动给自己充电，充电的方法有

很多，最直接的方法就是多读书，通过阅读来提升自己的知识量，扩展自己的视野，增长自己的智慧。这样你在交谈的时候才会有话可说、有理可依，才会更有说服力。而在生活和工作中，通过学习和阅读能够有效提升自己的技能。

比如在现代职场中，很多女人希望自己掌握话语权，希望自己可以让别人听从自己的意见，希望自己越来越多地参与到一些重大决策当中去。有一些人为了让自己看起来更有气场，常常会搞排场，在外在形式上壮壮声势，提升一下自己的名气，这种卖力吆喝和炫耀的方式显然只是一场无意义的作秀而已。西方有句谚语："将雄鹰放在最高最危险的悬崖峭壁上，它最终也会跌下去。"雄鹰想要成为顶级的捕猎者，想要让其他鸟类臣服于它，靠的应该是实力，只有通过努力学习飞到那样的高度，它才会令其他鸟类望而生畏。

前一段时间，中央电视台著名主持人董卿出国留学，引起了很多人的质疑和不解，因为众所周知现在的董卿早已经贵为"央视一姐"，不仅专业素养过硬，主持功底日益深厚，更重要的是董卿个人魅力十足，这为她赢得了好人缘。

也正是因为如此，董卿最近几年发展势头非常好。只要她出现在舞台上，观众就可以感受到她的气场，而实际上她的个人气场也完全能够撑得起各种各样的大场面，这也是为什么最近几年的春节联欢晚会上，董卿始终占据"女一号"的位置。但是即便如此，董卿还是希望自己能够更进一步，毕竟随着社会的发展和人们审美要求的变化，以及对中央电视台主持要求的不断提高，她渐渐感觉到自己需要继续学习和充实自己，而通过学习和深造，可以进一步强化自己的能力，从而让自己变得更加富足强大。

其实，对于多数女人而言，让自己变强变大是一个很常见的梦想，毕竟女人常常也希望在别人面前证明自己。此外，不想当将军的士兵不是好士兵，没有梦想的人通常难以获得成功，而且一个甘于平庸的人根本不会拥有任何的气场和吸引力。不过想要成为将军，首先做好士兵的分内之事，要懂得提升自己的实力，只有让自己变得更加出类拔萃，你才有机会成为发布命令的“将军”。

正因为这样，女人应该在工作之余多学习多看书，可以看一些增长智慧的书籍，也可以多看一些和专业有关的书籍，丰富和充实自己的理论知识。也许很多女人认为自己知识很丰富，职业技能也不错，甚至认为自己的知识结构非常合理，殊不知现代社会发展节奏很快，知识的更新换代也非常快，如果我们携一技之长而聊以自慰，那么很可能会被时代所淘汰掉，最终失去竞争力。所以女人应该有敏锐的眼光，要了解自己的不足，并用发展的眼光来进行职业规划，然后通过补充新知识来增强自己的实力。

当然，充电并不是简简单单的阅读和学习，同时也要懂得向那些有经验的前辈请教，在工作技能、人际关系、职场社交方面寻求更多的帮助和指点。其实提高知识量或者工作技能能够增强自己的实力，不过想要赢得更多人的关注，还需要懂得一些人际交往的技巧，需要建立更广泛的人脉网络。而建立人际关系也需要自己不断去学习和摸索，一方面可以在日常交往中主动结交别人，争取认识更多的朋友，与此同时，也要懂得向别人取经，掌握一些经验和技巧。

事实上，想要成为一个优秀的女人，那么就应该主动学习，主动充实自己的生活，增强自己的实力。有了足够的实力，你的价值和魅力才能进一步凸显出来，别人也才会更强烈地感受到你的存在。

9. 让你光芒四射的三个气场要素：自信、坦诚、宽容

为什么有些女人一出来，你就能够感受到她与众不同的特质？为什么有些女人一开口说话，你就会深深地被折服？为什么有些女人总是能够在

人际交往中显得从容不迫、游刃有余，让人由衷地敬佩？那些与众不同的气势就是一种气场，而形成这些气场自然需要一些要素。只有具备了这些要素，你才能够更加光芒四射，才能够赢得更多的关注。

那么，什么样的女人才有气场，构成气场的基本要素又是什么呢？很显然，气场是一种由内而外散发出来的魅力，这种魅力有很多种形式，也有很多不同的表现方式，但是一般来说，一个女人只要具备了这样三个要素，那么就一定会气场十足。

首先是自信，一个自信的女人之所以能够赢得别人的尊重，并不仅仅在于她能够做到别人难以做到，也不敢去做的事情，而在于她总是对自己对生活保持乐观的态度，她坚信自己可以让生活变得更好，坚信自己有能力去做出改变。而正是因为具备了这种强大的信念，她才能够获得别人的认同，才能够让别人感受到她的存在。著名小说家古龙曾说：“自信是女人最好的装饰品，一个没有信心、没有希望的女人，就算她长得不难看，也绝不会有那令人心动的吸引力。”

实际上很多所谓的“女强人”都是自信满满的气场女王，撒切尔夫人就是一个自信的女人，只要是她认定的事情，就非要去做不可，而且她总是坚信自己最初的判断以及能力，她会尽力想办法达成心愿。正因为如此，很多人都非常佩服她，就连一些政敌也忍不住赞美她的作风，他们承认当自己站在撒切尔夫人面前的时候，会明显感觉到对方身上那种压迫感，以至于常常变得不知所措。

有位美国议员曾经代表里根总统出访英国，结果这位高傲的美国人在英国政要接机时显示出了傲慢的态度，很显然他觉得自己作为里根总统的特使，撒切尔夫人未能亲自来接机，是不够礼貌，所以他显得很不高兴，并且故意拿那些接机人员调侃。到了晚上的时候，英国方面安排了晚宴，而撒切尔夫人也准备见一见这位美国客人。当撒切尔夫人到场后，直接端着酒杯走到美国议员面前。

当美国议员看到撒切尔夫人坚毅的眼神和毫无表情的面容时，当时就愣在那里，完全被她的气势压倒了，以至于都忘了举起手中的酒杯。后来议员回到美国，对里根总统说："我们应该庆幸自己拥有这样一个伟大的合作伙伴，如果撒切尔夫人站在敌人的阵营当中，那绝对会非常可怕，她会在第一时间让你感到害怕。"

实际上，自信的女人向来都具备与众不同的魅力，能够吸引更多的注意，因为自信的人对于生活往往拥有绝对的掌控权，这种态度往往会让人折服，所以如果你想成为独一无二的女人，甚至成为气场逼人的女强人，那么就要懂得培养自信心，要懂得强化自己的信念。

如果说自信是一种更加积极的姿态，那么坦诚则相对要温和一些。都说女人是善于撒谎的动物，喜欢妒忌别人，且藏有私心，以至于很多人都不愿意和女人说秘密、聊心事。如果一个女人能够坦诚以对，真心对待别人，且始终率性而为，那么相信大家也会被这种率真的个性所吸引。

安吉丽娜·朱莉是好莱坞的性感女星，当然，人们在关注她美貌、性感以及出色的演艺事业的同时，同样会关注她的情感生活，毕竟她成功地从女星安妮斯顿手中抢走了好莱坞头号大帅哥布拉德·皮特。对于这段狗血的"小三上位记"，当时遭到了社会舆论的批评，就连美国第一夫人希拉里也愤怒地斥责朱莉是"最无耻的荡妇和小三"。当然，希拉里本人就是婚外情的受害者，当年的莱温斯基可没少让她受辱。

但即便是这样，仍旧有很多人喜欢朱莉，他们疯狂地膜拜她，将她奉为性感女神，所以朱莉每次出现照样是气场十足。某位杂志社的记者在采访完安吉丽娜·朱莉之后，发出这样的感慨："一个女人，当你发现她的魅力，发现她的成功时，那么你总会从她身上看到不一样的东西，那是别人身上所缺乏的。你可以说那是性感，可是在我所见过的所有女人当中，从没有谁能如此迷人，从没有过。"

事实上，这位记者只说对了一半，性感的确是朱莉的招牌，但实际上还有一点就是坦诚。也许朱莉天生就是一个很感性的人，所以她总是率性而为，心中怎么想就会怎么去做，所以记者在采访她的时候往往很顺利，而反观其他女明星则没有这种亲和力。可以说正是因为足够坦诚，粉丝们才会喜欢她，很多媒体才会愿意采访她，而皮特显然也是因为这个才会迷上她的。

除了自信和坦诚之外，女人还需要做到包容，要有一颗宽容别人的心。很显然，没有人会喜欢那种喋喋不休甚至无理取闹的女人。事实上宽容不仅是一种美德，也是一种非常高明的人际交往法，善于宽容别人的人往往更容易赢得别人的敬重和爱戴，因为这样的人通常更加优雅，更加知性，而且对任何人都充满爱心。对于这样的人，大家也愿意接近她。

世界首富比尔·盖茨的母亲就是一个非常宽容的女人，在盖茨的印象中，母亲从来没有和父亲、同事、朋友争吵过，即便是素不相识的陌生人攻击和伤害她，她也常常包容对方。正因为这样，他的母亲无论走到哪儿都会受到别人的欢迎，都会被人尊重和爱戴。

自信、坦诚和宽容实际上分别代表了女人的内在力量、交际方式以及内在的修养，这三个方面的特质如果能够得到有效提升的话，那么就可以做到内外兼修，让自己能量十足、魅力十足，最终成为生活中的气场达人。

10. 用人格魅力去征服别人

拿破仑曾说过："拥有人格魅力的人就像雨中的太阳，使人在凄冷中仍能感受阳光。"如果一个女人具备了这种人格魅力，将会怎么样呢？

前苏联红军的《红星报》记者加夫里洛夫曾这样评价撒切尔夫人："在1979年的英国竞选期间，英国保守党的标语上就写着，'英国需要铁娘子'。""我一直认为她是个很有魅力的女性，她具有一种贵族式的美丽，如果我没有这样的感觉，我或许会用一个更具诋毁性的绰号来形容她。”

撒切尔夫人在 1987 年访问苏联时，她曾接受了三位前苏联著名国际记者和电视节目主持人的联合采访。那次采访未经任何删节在前苏联电视上播出后，撒切尔夫人立刻征服了前苏联民众。前苏联民众觉得，与前苏联官方一贯宣传的西方领导人的形象完全不同，撒切尔夫人有理性，充满人情味，她是个具有强大人格魅力的女人。

就连一直与她站在对立面的反对党工党领袖埃德·米利班德，都为她的魅力所折服，并对她有着高度评价：“工党不同意她的一些做法，她会一直是个有争议的人物。尽管我们反对她，但我们同样非常钦佩她的政治成就和个人魅力……戴维·卡梅伦、尼克·克莱格和我都在撒切尔夫人塑造的政治环境中成长。”

很多人表示，撒切尔夫人的人格魅力比政治魅力更令人怀念。

正所谓“做事不如做人”，当一个女人拥有了强大的人格魅力，她也就随之拥有了强大的社交气场，即使不去刻意经营在他人心目中的形象，也同样会赢得他人的尊崇，正应了那句“桃李不言，下自成蹊”。

下面，我们再来看一下同为政坛女强人的希拉里是怎么做的。

2001 年 5 月，耶鲁大学学生选中了希拉里做他们班级的发言人。她激励毕业生们，要“敢于竞争”“勇于关心”。显然，大多数学生把她视为行动的楷模。毕业生格兰特·查文说：“15 年之后，我仍会记得希拉里·克林顿在我们毕业典礼上的讲话，而不会记得那些所谓的桂冠诗人之类的角色。”另一位学生雷切尔·伯杰说：“作为一个女人，获得如此程度的成功，可以想见她为此做出了何等的牺牲。”能够在短时间内得到这些学生的青睐，不得不归功于希拉里超强的人格魅力。

希拉里举手投足间都显示出一种人格魅力。她成为总统候选人后，出版了一本有关自己政治经历的书，这种有关政治的书向来不受读者的青睐。一位著名的电台主持人讥讽她说：“如果希拉里的这本书可以卖掉 500 万册，我就去吃鞋子！”可上天偏偏爱跟下绝对结论的人开玩笑，希拉里的这本书在不到一周的时间就销售了500万册。

面对别人要吃鞋子的尴尬，希拉里请人订做了一只鞋形的蛋糕送给那位讥讽她的电台主持人。订蛋糕的确是个小小的举动，但这却体现出希拉里宽容的品质，善待他人的魅力。

可能因为希拉里举手投足间显现的人格魅力，她的人气一路上升。人格魅力对于女性来说是一个非常重要的东西，如撒切尔夫人、希拉里这般举世瞩目的女强人为所有渴望成功的女性树立了很好的榜样，她们用自己的经历告诉所有的女人：除了必须具备的能力、学识之外，只有不断地提升自己的人格魅力，你才有可能在竞争激烈的舞台上赢得一席之地。

美丽的女人不一定有魅力，但有魅力的女人一定是美丽的。可爱的女人们，不要再单纯地只将目光投注在自己的服饰、长相上，你的言谈举止，你的一颦一笑，你的内在涵养，你的风度气质……都是你修炼人格魅力的必要条件。

第二张牌 野心：心中有梦想的女人了不起

一个有梦想、有野心的女人会让那些靠胭脂俗粉包裹的女人黯然失色。纵观所有成功的女人，无一例外都是梦想的追求者。正是因为对梦想的渴望和追求，才催生出她们的野心和欲望。在野心的推动下，她们才会坚持不懈地去努力，最终成就丰功伟业，实现她们的人生价值。永远记住一句话：野心有多大，人生的舞台就有多大。

1. 谁说女人不能有野心

法国传媒大亨巴拉昂早年生活落魄，后来通过不懈的努力，他成为了大富豪。1998 年，他因病去世，并且留下了一份独特的遗嘱，上面只留下一个问题：“穷人最缺什么?”而这个猜对答案的人将获得 100 万法郎的奖励。当这个遗嘱在报纸上刊登出来之后，共有 48561 个人寄来了自己的答案，多数人都认为穷人最缺钱，也有一些人认为穷人缺少技能和运气，但是最后只有一个小女孩领走了这笔奖金，她的答案是“穷人最缺野心”。

事实上，从心理学的角度来说，野心的确是推动个人进步和发展的重要动力，毕竟每个人都是有欲望的，都渴望获得更多，这种欲望就会成为一种强大的推动力。当然，很多时候野心听起来更像是贬义词，更像是一种贪婪的本性，所以有些人并不愿意变得野心勃勃，尤其是女人，因为相比男人而言，女人似乎更加内敛一些，生活的欲望可能会少一些、小一些。而且有野心的女人常常会被直接看成坏女人，会在舆论上遭受巨大的谴责。

电影《黑天鹅》中讲述了一个为了有野心有理想的女人 Nina，她非常渴望获得成功和认可，最终变成一个完全以自我为中心的坏女人。她为了达到自己的目的不择手段，最终在欲望中迷失自己，成为了一个人格分裂的悲剧人物。电影显然批判了女人的野心，认为野心在满足个人需求的同时也会摧毁所有的努力。

其实《黑天鹅》中对于女性野心的批判以及成见，在社会上随处可见，就连女人自己也形成了一种刻板的思维和印象。她们总是想方设法让自己和“野心”这样的字眼隔离开来，因为她们并不想被人误会。而很显然，女人由于本身就排斥“野心”，那么她们就会慢慢地失去野心和欲望。

可事实上，野心在某种程度上来说，只是一种对自身能力和价值获得适度认同的情感需求，一个人之所以拥有野心，就是因为想要在别人面前证明自己的能力和价值，就是为了让自己成为别人眼中的优秀人士和成功人士，而野心显然能够提供更强大的动力支持，能够满足她们的心愿。所以，如果女人想要变得更优秀，想要获得更多的发展机会，想要真正扮演好“半边天”的角色，那么就要懂得培养自己的野心，要敢于激发自己的欲望，并为之努力奋斗。

事实上女人大多喜欢攀比，不过多数女人都喜欢将攀比之心用到职场以外的地方，比如比一比谁的房子更贵，谁的化妆品更好，谁的孩子更加聪明，殊不知这种对比显然毫无意义。如果她们能够将这些攀比心用在工作当中，就会激发自己的动力，从而让自己变得更具攻击性，也更有野心。

自古以来女人获得成功的机会要远远低于男人，很大一部分原因是因为女人没有梦想，或者说缺乏野心。在多数情况下，她们显得更加内敛和平凡一些，这几乎是男权社会的一个通病。也正是因为这样，女性地位变得衰微。女人会慢慢认为自己缺乏能力，但是那些仅有的少数具备野心的女人大都成为了显赫的人物，是非功过暂且不提，但是她们的确做到了很多女人一辈子也不敢去想的事情，得到了其他女人一辈子也不曾得到的东西。

居里夫人就是一个很有“野心”的女人，她热衷于物理研究，尤其是在放射性物质研究方面成就斐然，而这显然要归功于她具备强大的信念和野心，她渴望有所斩获。尤其是当她第一次获得诺贝尔奖之后，所有人都赞美她，认为她做到了一个男人也难以做到的事情。但是居里夫人并不满足于此，而是拥有更大的野心，她希望自己再一次获得成功，结果她成为了历史上仅有的四位两次获得诺贝尔奖的人之一。

传奇女歌手麦当娜也是一个野心勃勃的女人，无论在什么场合，她都毫不遮掩地表达自己的野心——她就是要成为最出名、最成功的那个女歌星。这一点即便在她五十多岁的时候依然未曾改变。麦当娜的第一任丈夫并不喜欢她这种要强的个性，两个人最终因为经常争吵而分手。尽管麦当娜的野心和强大欲望被她的丈夫和男友们一再攻击，但不可否认麦当娜在事业上获得了很大的成就，在三十年的演艺生涯中，几乎没有人对她大姐大的地位造成威胁，即便是现在新人辈出，麦当娜也一样保持高曝光率。

有关野心，也许中国唯一的女皇帝武则天最有发言权，这位野心家很早以前就对别人说："如果我是个男儿身，必定要开创不世功业，既然是个女儿身，我也要做别的女人从未敢做的事情。"事实上在后来的入宫大戏、争宠大戏以及夺权大戏中，她都展示出了极强的好胜心和野心。正是因为这份野心的存在，才使得她能够开创历史，而且事实也证明这位女皇帝在位时的功绩要比中国绝大多数男性皇帝好得多。

这些女人都堪称被野心控制的女人，但实际上她们同样控制住了野心，并利用野心来激发自身的动力和潜力。事实上女性也有"做梦"的权利，女人也可以拥有雄心壮志，也可以建立不世功勋。在这一方面来说，男女应该是平等的，我们不应该用有色眼光来看待她们，而她们自己更不能妄自菲薄，刻意压制自己的野心和创造力。

事实上，女人应该明白野心并不一定就站在生活的对立面，更不一定就站在自己的对立面。对于任何女人而言，只要你大胆释放自己野心，并加以正确的引导和控制，那么你一样可以赢得所有人的认可，一样可以获得非凡的成功。

2. 心中有梦想的女人了不起

你想成为亿万富翁，你想成为电影明星，想要拥有一个最善解人意的情人，想拥有自己的投资公司，也许你还想着当一当一国领袖？也许你觉得这很荒唐吗？尤其是对于女人来说，她们似乎更专注于现实。但实际上每个人都需要梦想，你需要借助这些梦想来刺激自己，尽管不一定所有的事情都能够梦想成真，但有梦想的女人往往更容易获得成功，有梦想的女人往往更加了不起。

美国前总统威尔逊说：“人类因梦想而伟大。”你想要让自己变成一个更加优秀、更加成功的女人，那么一定要敢于“做梦”。那些成功的女人往往都是狂热的梦想家，她们可能曾经被当成只会白日做梦的笨蛋，被当成幻想大师，被当作神经病，被人看成是牛皮大王，但正是因为拥有那些看似荒唐甚至是不可能的梦想，她们最终成为了那极少数走向成功的重要人物。

撒切尔夫人很早以前就说过自己有朝一日能够成为首相，当时遭到所有人的嘲笑，他们觉得撒切尔简直是异想天开，结果当她成功竞选为英国首相之后，那些家伙再也笑不出来了。她不仅如愿所偿，而且一连四任，成了丘吉尔之后英国最出色的首相。著名脱口秀女王奥普拉曾说：“一个人可以非常清贫、困顿、低微，但是不可以没有梦想。只要梦想一天，只要梦想存在一天，就可以改变自己的处境。”她曾经是个问题少女，但是在发现自己拥有语言表达的天赋之后，她渴望成为一个著名的主持人，最终她获得了成功，成为了全美乃至全世界最出色的主持人之一，而现在她甚至拥有了自己的商业帝国。

毫不客气地说，作为一个女人，你之所以总是不能够获得成功，就在于你从来都没有梦想，或者说你不敢拥有梦想。你每天的想法就是如何挣到几千元的月薪，就是和其他人一样上班下班，安心过日子，你会在意超市里什么时候开始打折，什么时候你可以在专卖店买到物超所值的衣服和化妆品，还有就是你的房贷什么时候才能还完。你安安稳稳，做着每个女人一生都在做的事情，找一份工资不高但很轻松的工作，然后结婚生孩子。你的一生都是按照一种特定的规则和轨迹去走的，你从来没有过多的想法，没有什么理想和梦想。你的一切决定都是为了让自己更加安心地当一个平凡甚至是平庸的女人。

可事实上，你可以拥有一个大房子，可以嫁个亿万富豪，可以拥有自己的公司，可以开着兰博基尼或者是劳斯莱斯，偶尔你还有兴趣在拉斯维加斯赌场里一掷千金。这些梦想难道会让你感到害怕吗？它们又是否真的让你感到汗颜？萧伯纳有一句名言：“一般人只看到已经发生的事情而说为什么如此呢？我却梦想从未有过的事物，并问自己为什么不能呢？”女人应该纠正错误的思想观念，应该充分释放自己的梦想，并勇敢地为梦想而前行。

著名的化妆品和彩妆品公司创始人玫琳凯·艾施女士曾说：“我是越老越觉得自己美丽，不是因为别的，就是我实现了自己的梦想。”实际上，玫琳凯女士在产生创业梦想的那一年已经45岁了，当时她刚从做了25年的直销岗位上退休。某一天她坐在厨房的餐桌旁回想25年来工作中的种种经历和感受，突然决定将自己作为杰出的营销员的种种经历写下来，包括工作中那些美好的事情和所遇到的问题。当她把这些一一列出来时，看看所写出的清单，玫琳凯突然产生了一个想法，那就是创立一个“梦想公司”，给所有的女性提供无限的机会，帮助更多的人实现她们的梦想，她觉得自己也可以成为一个成功人士。

尽管一开始这只是一个单纯的梦想，而且对于一个退休职员来说，这种梦想似乎太过伟大而遥远。但是这个梦想很快得到了儿子的支持，所以在1963年9月13日，玫琳凯与儿子理查德·罗杰斯和9名美容顾问正式建立了“玫琳凯化妆品公司”。从那以后，她将公司从一家小型化妆品公司发展成为业务遍布世界33个国家及地区、年营业额达30亿美元的，全美最大的护肤品企业，并在全球拥有一支90万人的美容顾问队伍和逾2000万的忠实顾客。

有人曾说：“成功男人与普通男人的区别通常在于，一个善于坚持，一个往往半途而废；而成功女人和普通女人的区别在于，一个敢于去想去做，一个则安于现状，随波逐流。”事实上，每个女人都有拥有梦想的权利，每个女人都应该主动去追寻自己的梦想。为什么女人和男人的获得成功的比率是2∶8，原因就在于男人往往拥有更多的梦想。

在电影《当幸福来敲门》之中，克里斯对儿子说过一句很感人的话：“别让别人告诉你有什么事是你做不成的，即使是我也不行。如果你有梦想的话，就要去捍卫它。”对于女人来说也是这样，并非每一个女人都能够心想事成，都能够获得成功，但是有梦想本身就是一种进步，只要你有勇气去放飞梦想，只要你有勇气去追求梦想，那么你的人生一定会越来越精彩。

3. 自信是女人成功的最大资本

美国心理医生格雷格曾经做过一个调查，他随机挑选了1500位女士，然后让她们写下对人生的想法，还有自己的人生规划。经过十年的跟踪调查，他发现一共有1200位女士一直在为自己当初的梦想奋斗，而其中真正完成计划的却只有17人，有300多人考虑转行，而多数人则陷入进退两难的境地。

其实这个调查揭露了一个非常普遍的现象，那就是女人在追逐梦想的过程中容易因为外界的干扰而产生动摇心理，最终半途而废。也许我们会习惯性地认为这些女人不懂得坚持，也缺乏足够的意志力，但从本质来说，这是因为她们还不够自信，她们没有足够的信心来赢得成功，她们不认为自己可以凭借实力走到最后，在这种悲观消极的情绪影响下，她们往往会因为一时的挫折和困难而放弃。

可可·香奈儿是时尚界一个不可忽视的名字，这个来自法国中部贫困山区的女人，才华横溢，且一生都拥有非凡的自信，她立志要在时尚界打出一片天地，最终获得了巨大的成功。事实上，在香奈儿踏足时尚界的时候，设计师们都遵循传统的模式，让别人来配合自己的设计理念，可是香奈儿却反其道而行，她让设计师配合客户的需求来进行设计。当时很多人都认为香奈儿这样做只会砸了自己的招牌，降低自己设计师的身份，可是香奈儿却坚信自己能够获得成功，而这种以客户为中心的理念实际上最终为她争取到了更多的客户。

在改变经营服务模式之后，香奈儿开始梦想着能够建立自己的品牌和公司，那时候她开始筹划设计新的产品。当时社会流行的是繁复累赘的衣服，而这种类型的设计显然是从男性观点出发的，女性的服饰多数时候都是为了满足男性的审美需求而设定的。香奈儿觉得女人应该有自己的审美观，应该按照自己的意愿去设计最合适自己的衣服。所以她大胆革新设计出简洁奢华的小黑裙，裙子长至膝盖，而且融入了男性服装帅气的特点。

这款另类的产品设计成功之后，很多设计师都觉得不妥，毕竟像这种离经叛道的东西一定会引起男士的反感，很多女人也不会接受这样新潮的衣服。尤其是在颜色上，女人大多都喜欢打扮得花枝招展一些，因为这样会让自己变得更加妩媚，可是香奈儿却大胆采用黑色，这无疑会让女人黯然失色，但香奈儿认为黑色或者是白色实际上能够展示出绝对的美感和和谐。

香奈儿信心满满地对他们说："如果有一天你发现自己有能力做出改变时，为什么不去尝试一下呢，而且我觉得这样的设计和产品是不会被人拒绝的，也没有人会真正抗拒它的魅力。哪怕它们暂时不被人接受，我的梦想有一天也会成为现实。"设计师们没有办法，只好同意推出这款产品，结果产品面世之后立即受到大众的欢迎，小黑裙完全体现出了女性优雅知性、亦刚亦柔的独特气质，女人发现自己穿上这样的服饰后变得更有女人味了。这个设计为香奈儿带来了巨大的成功，她由此一步步创立了自己的品牌，直到今天，"香奈儿"依然是世界上最具活力和魅力的时尚品牌。

英国的赫伯特曾经说过："只要心中充满自信，没有一件不能做的事。本领加信心是一支战无不胜的军队。"对于一个有梦想的女人来说，需要培养出强大的自信，而这份自信又反过来会扩大你的梦想，会激励你不断为梦想而拼搏。如果说梦想是女人的必需品，那么拥有梦想的最大资本就是自信，只有自信的人才会去憧憬未来的生活，才会想着去追求更多更美好的东西。

石油大亨洛克菲勒说："即便你们把我身上的衣服剥个精光，一个子儿也不剩，然后把我扔在撒哈拉沙漠的中心地带，但只要两个条件——给我一点时间，并让一支驼队从我身边路过，那要不了多久，我就会成为一个新的百万富翁。"这就是一份自信，也许听起来很狂妄，但是我们不要忘了，这位石油界的大佬本身就是从一个小职员一步步成长为帝国的创始人的，他有这样的自信和能力，自然有实力去实现梦想。

作为一个女人，不要去害怕失败，不要害怕被人的嘲笑，不要因为失败而丧失信心，更不要低估了自己的能力。其实一个人只有想得更远，他才有机会走得更远一些，所以很多时候，你也应该具备洛克菲勒式的霸气和信心。如果你想成为一个有梦想，并且能够为梦想奋斗的女人，那么首先不妨增强自己的自信心，这样你才有动力去打造梦想，才有动力去追求梦想，并最终获得非凡的成功。

4. 女人独立，才能成为生活的主角

在日常生活中，我们常常会听见某些女人在谈及梦想时常常会说，“我男人的梦想就是我的梦想，我男人想要什么我就想要什么”，听上去完全是一副小鸟依人、夫唱妇随的顺从态度。也许你觉得这是爱情的魅力，显示了女人对于男人的忠诚，可实际上这种态度和观念严重抹杀了女人作为一个个体存在所应该表现出来的价值。正因为这样，很多女人都没有什么目标和追求，一切都围绕着家庭和男人转，完全依附于男人，为男人而活着，纯粹就是一个配角。

事实上，每个人都有权利成为自己生活的主人，也应该去成为生活中的主人。毕竟我们每个人都是独立的个体，都拥有自己的想法，都有自己的性格和个性，都有属于自己的生活习惯。既然如此，我们为什么非要抹杀自己的特性而一味迁就别人、依附别人呢？即便你男人的梦想再伟大，即便你的男人再成功，你在生活中所扮演的角色依然没有得到改变，你还是没有办法找到属于自己的节奏和精彩。

一个女人只有为自己而绽放，只有为自己的梦想而绽放的时候才是最美丽最动人的，也才是最成功的。这时候她才是生活的主角，才是舞台上的焦点，而想要做到这一点，首先就要懂得独立自主。鲁迅先生曾经发表过名为《娜拉出走之后》的演说，他认为易卜生《玩偶之家》里的娜拉由于经济不独立，没有办法依靠自己的力量活下去，最终不是回家，就是在外沦落。

现如今，随着女性地位的提高，以及越来越多的女性朋友参与到社会活动当中，女性在经济上有了更多的自主权和支配权，不过在思想上，很

多女人还是存在很强的依赖性，还是主张一切以男人为主，她们缺乏主见，缺乏自己的理想，更没有什么明确的生活目标，而这实际上严重阻碍了女性的独立自主。

提起凯瑟琳·毕格罗，可能很多人都没什么印象，不过对电影比较了解的人都知道，她曾是大导演詹姆斯·卡梅隆的妻子。对于一个成功拍摄了《异性》、《泰坦尼克号》等多部经典影片的国际级大导演来说，成为他的妻子简直就是一种福气，至少从夫妻关系来说，凯瑟琳完全可以在家相夫教子，安心帮丈夫打理家务、照顾家人，这样的生活也堪称幸福了。

可实际上，凯瑟琳也是一个拥有远大梦想的导演，而且她是一个非常独立的人，从来没有依靠丈夫的关系，来为自己的事业铺路，也从来没有因为丈夫的成功而沾沾自喜。在她看来，丈夫的成功与自己没有什么关系，而她显然只想走自己的路。对于一个才华横溢的女人来说，她是绝对不甘于平庸的，也不愿意成为别人背后的影子。她认为一个女人可以为丈夫牺牲很多，可以为丈夫的事业牺牲很多，但是至少也应该懂得为自己活一次，何况她一直以来都梦想着可以拍摄一部足以征服奥斯卡评委的影片，而想要创造精彩，就要把赌注压在自己身上。

正因为足够坚强、足够独立，她一直以来都能够为自己的梦想而全心全意付出所有的努力。到了2010年，在奥斯卡颁奖典礼上，戏剧性的一幕上演了，卡梅隆携着气势凶猛的《阿凡达》而来，而与之相竞争的影片就包括凯瑟琳的《拆弹部队》。其实当时很多人都认为这两部电影几乎是当时最好的影片，《阿凡达》席卷全球，打破了电影史上的票房纪录，而《拆弹部队》则在口碑上获得评委和媒体的一致认可。

最终凯瑟琳的《拆弹部队》击败了《阿凡达》，凯瑟琳获得了最佳导演的大奖。而这一次，凯瑟琳终于抛掉了“卡梅隆前妻的头衔”，真正当了一回自己，不仅成功实现了自己征服好莱坞的梦想，也打造了属于自己的名片。

通过观察，我们可以发现独立往往是成功女性最显著的标签。正因为独立，她们才会有主见，才会有自己的想法，才会有自己的认知方式，会有自己鲜明的个性，会显得更自信，显得更有魄力。除此之外，她们还更有创造力，她们拥有自己的梦想，并且有足够强大的追求梦想的动力。

在西方的寓言故事中，上帝最先造出了男人，之后从男人的身上取下一根肋骨，然后用这根肋骨做成了女人，所以理所当然地认为女人需要在男人身上寻找依靠，需要懂得在男人身上寻找安全感。这种依附实际上几乎成为了一个定势，这就导致了女人渐渐抹杀自己的独立能力，从而在生活中慢慢边缘化。

心理学家认为顺从和盲从是很多女性都有的坏习性，这是一种不自信、不独立的表现，现代女性都在追求自由和平等。其实，女人只有保持独立，才能真正获得自由和平等的机会，也只有具备独立意识和独立能力，才能够获得更多的尊重和认可，才有机会真正为自己而活，真正为自己的梦想而活。

5. 不怕做女强人，女人也要有雄心壮志

有个心理学家曾经写过一本书《懒女人》，作者认为生活中的大多数女人都是懒的，这当然并非是指女人不干家务活，而是指女人在处理男女关系方面消极被动的姿态，是指女人在追求个人目标时所展现出来的怯懦和柔弱无力。比如女人在工作当中很少愿意拼命，也很少愿意像男性那样去付出，多数时候，女人喜欢遵循一种既定的社会规则和秩序，顺从地保持一种弱势姿态。

当然，职场上总有一些异类，她们努力工作、雷厉风行，办事非常严格但很有效率，这种人的工作能力往往比很多优秀的男性员工还要出色，

她们很可能是领导眼中的精英。但是这些女人往往也被称为“职场女汉子”，也就是所谓的女强人。而一般来说，我们对于女强人的印象并不算太好，能力非常出众，但为人情商不够高；一心工作，缺乏生活情调；平时比较严格，不够温柔大度；为人很严肃，不够风趣柔和。无论如何女强人总给人一种难以亲近的感觉，至少她们的性格并不像女人，或者说缺乏女人味。

正因为男人通常都觉得女强人不够女人，而女人则嫉妒女强人太强势，所以女强人往往会遭人排挤，很多女性也不愿意将自己变成女强人，她们宁可平庸一些，也不愿意树立什么远大的志向。可事实上，但凡那些成功的女人，但凡那些最优秀的女人，实际上都可以称为女强人，而且很多时候我们误认为女强人不够温柔得体，不过是一种偏见和误解。

一个女人应该拥有属于自己的梦想，也应该找一个合适的平台来尽可能展示自己全部的价值，因为女人也应该活出自己的价值，应该表现出自身的魅力。其实梦想未来并不是男人的专利，女人也一样可以有雄心壮志，也一样可以建功立业，创造属于自己的成功。正因为如此，女人不要害怕去当女强人，不要总是排斥女强人这样的名号，其实当一个有梦想有追求的女强人，往往要比浑浑噩噩地当一个随波逐流的平庸女人强得多，至少你的存在感和价值会得到提升。

提起百事首席执行官英德拉·努伊，相信多数人都会相信这个来自印度的女人绝对是一个拥有雄心壮志的人。事实上，了解英德拉的人都知道，她很小的时候就表现出了与众不同的一面。她常常喜欢玩一些男人的运动，很显然她总是希望自己能够做得和男人一样好，甚至要比男人更好一些。十几岁的时候，她告诉所有人说自己最想成为一个出色的歌手，为此她和朋友们成立了一个全是女人的乐队，而她就是那个最强的指挥者。

而到了1976年，她更是不顾父母的反对，执意要去美国的耶鲁大学求学，原因很简单，她想要出去走一走、看一看，她想要脱离印度女人的那种顺从平庸的生活，去接触更广阔的世界，去让自己变得更加出色。不过在当时的社会环境中，只要一个女人离开了家乡，那么她可能永远都没有办法回家了，至少她可能失去结婚的机会。

即便是这样，英德拉还是坚持前往美国，父母没有办法挽留住她。而事实证明了正是因为这一次的出走让英德拉的生活有了彻底的改变，她也为此有了更多的机会去追寻自己的梦想。当她毕业之后，很快进入百事公司，尽管一开始只是一个新人，但她的工作劲头和办事态度非常受领导的欣赏，他们认定英德拉是一个非常优秀的职员。

很快英德拉就获得了提拔，并且慢慢进入高层，这个时候有关她是一个女强人的流言传遍了整个公司。但她毫不在乎，而且坦然地说："在印度，有人就已经不把我当成一个规规矩矩、顺从听话的女人来看待了，他们将我当成极品女人，但我只是比其他人更有理想罢了，我渴望去赢得更多美好的东西。"

就在这之后不久，她提出了一个大胆的建议，那就是公司应该放弃传统的连锁餐厅业务，将重点放在核心品牌方面，她觉得公司应该努力去超越可口可乐，而不是跟在对手的后面打转。但此举遭到多数人的反对，就连首席执行官也投了反对票，但是她仍然不放弃游说，最终打动了首席执行官。

而正是因为这次转变，百事可乐获得了快速的发展，并很快在可口可乐这个强大的对手面前抢到了巨大的市场份额。首席执行官对她更是另眼相待，于是决定重用她，之后甚至将她定位为自己的接班人。尽管有人对此提出了质疑，但是首席执行官却认为公司中再也没有任何一个人拥有英德拉这样的能力和雄心壮志了。

实际上，随着大家对英德拉了解的加深，他们发现这样一个女强人实际上也有很多女人味，比如她在出席百事的各种活动时，总是身穿印度传统服装——纱丽。而在非工作的场合，她在和同事、员工接触的时候，具有很强的亲和力。更重要的是，英德拉同其他经历不幸婚姻的女强人不同的是，她有美满的爱情和一个幸福的家庭。

女人们都不喜欢成为女强人，就连多数成功女人也都不愿意自己是女强人。有人做过调查，发现85%的女性经理都害怕别人称呼自己为女强人，因为她们担心这会在人际关系中给自己带来一些不必要的麻烦，而这显然不是她们愿意看到的。但是成为女强人又有什么问题呢？世界上最优秀的女人都是女强人，世界上最成功的女人都是女强人，你想要成为最好的，想要获得成功，就要懂得忽略那些误解和闲言闲语，要主动成为一个女强人，要懂得让自己成为一个有雄心、有远大目标的女人。

其实，女强人并不可怕可悲，真正可怕可悲的是一辈子碌碌无为，当一个毫无理想的平庸女人。

6. 别把自己的未来抵押在男人身上

20世纪80年代，有家调研机构做过市场调查，发现有67%的年轻女性认为，只要找一个能吃苦且对自己好的男人就行了，她们对于男人的出生并没有什么特别的要求，因为她们相信只要两个人能够好好相处，就可以一起去奋斗。到了90年代，女性选择男性的要求开始变得苛刻，大约只有40%的人表示自己并不过分看重男人的物质条件，只要两个人能够合得来，且都很顾家，那么就没有什么问题。而到了2000年以后，女人开始变得更加“物质”了，比如2011年，只有不到7%的女人认为自己不会过分看重男方的家庭条件。

实际上，从这些年调查数据的变化来看，可以发现一个问题，那就是女人在择偶的时候，开始慢慢看重男人的经济条件和能力，她们希望自己嫁个有钱人，这样下半辈子就有了依靠。很多心理学家通过研究，发现女人之所以看重物质条件，并不是单纯地出于拜金主义，其实只是一种依赖心理在作祟罢了。尤其是随着当前社会竞争和生活压力的增大，她们更希望自己能够找一个实力强大的人做后盾，这样就可以高枕无忧了。可以说，对于未来的美好生活，她们并没有什么理想，而是打算将希望寄托在男人身上。

正因为过分依赖男人，才会导致很多女人出现价值观上的扭曲，也才会导致很多女人在这种错误的观念中越陷越深，最终反过来害了自己。最常见的一个现象就是女星争相嫁入豪门，原因很简单，一朝进入豪门就可以减少自己的奋斗时间，能够做到名利双收，而不用在娱乐圈中苦苦挣扎。但是女人也应该意识到一个很现实的问题：究竟有几个女人能够在豪门中立足呢？当她们将自己的青春美貌，将自己的全部希望都寄托在豪门之中的时候，实际上就是一种盲目的赌博行为，要知道一旦她们被扫地出门，往往会失去更多。

能够找到一个好男人，这固然是每一个女人的心愿，但凡事都不可强求，幸福生活最终还是要靠自己来争取。为此，你需要拥有自己的梦想，需要拥有自己的事业，这样你才能够牢牢地将幸福生活握在手中。如果你自己不努力，自己不进取，而将希望寄托在男人身上，将未来交给男人，那么一旦出现感情危机，你可能会遭遇重大的生活危机。

有句老话说："这个世界上只有自己才是真正靠得住的。"其实女人更应该记住这句话，不要总是盲目地把一切负担都放到男人肩上，其实自己的生活需要自己去面对，需要自己去承担，更需要自己去创造。你应该拥有属于自己的梦想，并努力去实践这个梦想和目标，把梦想放在别人身上，这并不靠谱。没有人可以保证一辈子都承载起你的幸福和希望，没有人可以保证不会出现变故，一旦别人觉得承载不起或者没必要承载的时候，受伤的永远都是无辜且执着的你。

既然女人往往属于弱势群体，那么她们的命运更应该抓在自己手中。美国歌星麦当娜在第一次离婚后倍受打击，但是她很快从挫折中振作起来，并且告诫自己说："男人我可以随时去换一个，但是自己的工作和事业，我永远不会丢弃。"这句话虽然听起来像是怨妇的抱怨和不甘，但实际上确实给所有女人提供了一个非常好的"警告"：无论你是否相信男人，都不要将幸福全部寄托在对方的身上，你需要构建自己的理想人生，需要为自己的美好生活而奋斗，而你的梦想和努力能够确保你在失去男人保护的情况下还能活得很幸福。

心理学家认为女人是耽于幻想的，她们总是对生活满怀期待，总是对爱情抱有种种美丽的幻想，而且常常心存侥幸，认为自己所选择的那个男人一定会对自己真心实意，认为对方一定能够承载起自己的全部希望和理想。也正是因为如此，希望越大，失望越大，最终只能感叹自己的确是"很傻很天真"。

曾经有个风头很盛的女明星 M，她认识了一位外籍男友，当时男友自称是一位非常有名的投资家，所以女明星 M 心甘情愿地跟着对方，并且幻想着有朝一日可以过上富太太的生活。其实，在此之前她在事业上的发展颇为顺心，只要自己再奋斗几年，完全可以拥有非常富足的生活。但是由于轻信男友，她最终将自己的全部家产以及妈妈、哥哥、弟弟的钱全部交给对方去投资，自己则筹备着退出娱乐圈。

可不久之后，男友很快爆出了诈骗案，这个时候，女明星 M 才知道自己遇人不淑，可是一切都悔之晚矣。据悉在这起诈骗案中，女明星 M 以及亲人被骗的财产高达 4 亿人民币，一时间她倾家荡产，只能依靠租房度日。后来，她不得不复出拍戏挣钱养家，同时偿还自己拖欠的那些债务。不过经过这件事之后，女明星 M 也恍然醒悟过来，明白了一个女人只有依靠自己，只有脚踏实地追逐自己的理想去生活，才能够真正把握幸福。

实际上，在生活中常常会发生类似的悲剧，其中最主要的原因就在于女人对自己的生活缺乏责任感，尤其是对于自己的未来缺乏足够的责任心，她们总想着依靠男人，总想让男人来背负自己的梦想前进，却不知道当男人决定卸下你的梦想时，你可能会摔得很惨。正因为如此，每个女人都应该保持谨慎，都应该打造属于自己的梦想，并且将梦想扛在自己的肩上慢慢前行，这样你才能将幸福紧紧抓在手里。

7. 为自己设立一个远大的目标

哈佛大学曾经成立了一个调查小组，他们对 100 个哈佛大学生进行抽样调查，然后提出了一个非常有趣的话题："10 年以后，你希望在什么地方，从事什么工作。"结果，在这 100 个学生当中，几乎所有的人都回答说希望自己能够获得财富，经营大公司，努力改变世界。

调查小组发现了一个现象，那就是绝大多数学生似乎只是应付了事，他们并没有真正将这件事放在心上。只有 10 个学生明确了自己的目标，他们将自己的目标清清楚楚写了下来，他们还为此制定了比较详细的规划。30 年之后，调查小组发现这 10 个人成了这 100 人当中最成功的人。

毫无疑问，我们需要设定目标，需要设定一个远大的目标，可以说目标就是我们人生的向导。如果你想成为一个有梦想、有追求的女人，想要成为一个更加优秀、更加成功的女人，那么就要懂得去设定目标。你想要找什么样的工作，你未来想成为什么样的人，你最适合做什么，你渴望得到什么，这些都具有重要的指导意义，而且往往能够带来很大的动力。对于任何人来说，只有你想要吃鸡蛋，你才有机会去吃到鸡蛋，你的目标总能够为你带来更多的动力和机会。

当然，在现实生活中，很多女人也许并没有那样的想法，在她们看来，生活只要平平稳稳就可以了，对于未来，她们很少去认真考虑，也很少有人做出什么详细的规划，似乎建功立业的事情永远都和自己无关。可实际上任何一个想要获得成功的女人都需要建立目标，因为成功绝对不会偶然降临到你身上。只有拥有了目标，你才有足够的动力，你才能确定前进的方向，你的梦想才有机会实现。

缺乏目标的女人总是走一步算一步，她们对于工作并不挑剔，对于生活也没有什么打算，做事没什么完整的计划，也没什么高要求，这样的女人通常都没有事业心和责任心，自然也难以获得成功。英国心理学家格蕾丝曾经采访过500位女士，询问她们有没有什么远大的目标，对于未来生活有什么独特的大胆一些的想法，结果高达475位女士表示毫无头绪，要么就是没有，更多时候，她们喜欢对这个问题一笑了之。格蕾丝认为恰恰是因为目标上的缺乏，才导致了女人常常被甩在后面，导致了女人个性上的平庸。

如果你想要成为一个优秀的女人，如果你渴望自己的未来能够更加出彩，那么你的人生就不应该是空虚的、漫无目的的，你需要有所追求。

德国总理默克尔是一位非常强势的女人，以坚毅、果断、实干的作风著称，而且从不轻易妥协，因此被人评为新时代的“铁娘子”。实际上，默克尔出生在一个非常严厉的家庭，父亲是一名新教牧师，他对默克尔向来非常严格，总是灌输一种理念：你必须要比同龄人做得更加出色。

1989年，柏林墙坍塌之后，默克尔开始制定了一个伟大的目标，那就是成为一个成功的政界人士。尽管在当时的德国政坛上，几乎很少能见到女性的身影，多数女人都没有想过沾手政治，她们更多时候都习惯了当一个家庭主妇。但是默克尔显然不甘于平庸，她不止一次地告诫自己应该有属于自己的生活，应该活得更有价值一些，她不甘心就这样浑浑噩噩地求学、找工作，然后嫁人生孩子。

当时默克尔想办法加入东德的“民主崛起”这一组织，因为表现良好，她很快成为了东德政府副总理发言人。到了1990年，东西德合并，默克尔更加坚定了自己的目标，她通过奋斗很快成为了联邦议员。尽管默克尔始终保持低调，但是东德组织基民盟的领袖科尔还是发现了这个善于隐忍却雄心勃勃的女人，他从默克尔身上看到了德国女人不具备的那种特质，最终他将默克尔纳入麾下，并且给予足够的支持和帮助。从此之后，在科尔的提携下，默克尔开始平步青云。到了 2000 年 4 月，她更是登上了基民盟主席的位置。

2005 年，默克尔竞选成功，成了联邦德国的总理，要知道这是自从罗马帝国女皇之后一千年以来第一位领导日耳曼民族的女性，而且之后她还获得了连任。在默克尔担任总理期间，很多记者都来采访这位强势的女人，但是默克尔并不喜欢过度赞扬她的成功，更不喜欢人们称赞她创造了奇迹。她常常反问道："为什么你们都认为女人不能当总理呢？为什么德国女人就不能心怀当总理的大梦想呢？"很显然，默克尔早就对人生做了完美布局，她拥有一个伟大的目标，这促使她成为了一个伟大的女人。

拉丁美洲有句谚语："每一条河流都有自己的方向和目标。"任何一条河流都不会随意改变方向，不会是漫无目的地前行的，它总会达到一个固定的终点。其实人生也是如此，每个女人都应该设定目标，然后为着目标而奋勇前行，否则就容易成为盲流。只有想得更远、看得更远，你才能够走得更远，只有拥有一个远大的理想和目标，才能指引你努力奋斗。

8. 利用一切资源为自己铺路

提起成功，我们往往能够想到实力、技能、强大的内心、广泛的人脉资源、机遇等，这些实际上都是成功的资源，对于一个想要获得成功，想要登上人生巅峰的人来说，如何寻找并利用这些资源是成功的关键。人力资源专家摩尔博士说过："如何调动周身一切的资源和力量，将决定你能够走多远。"事实上，这不仅仅是一个规律，而且还是一个成功的技巧，它意味着你必须努力去寻求更多的资源和帮助，你必须想办法动员一切力量来帮助自己实现梦想。

不过事实上，很多女人却害怕寻求帮助，害怕去拥有更多的资源。原因很简单，当一个女人显得过于强势，且掌握更多的资源时，往往会被人误解。最显而易见的就是，那些女性职员，一旦她们利用人际关系获得更多的发展机会时，往往就会出现各种流言和谣言。比如说她们可能存在权色交易，和某个领导关系不正常，行为不检，私生活混乱，等等，可实际上她们只是在人际交往中更具技巧性和吸引力而已。

在职场当中，类似的这种伤害很可能会让女人失去信心和勇气，她们为了明哲保身，一般会放弃从外界寻求帮助，放弃手中的人脉资源，而这显然让女人在成功的道路上变得更加困难。事实上，女人应该勇敢地跳出这种保守的思想，应该挣脱世俗对自己的束缚，你可以勇敢地追求自己想要的东西，可以倾尽全力去保障自己的利益。一个人拥有更多的资源，调动更多的资源，这并不是什么丢人的事，反而是一种竞争优势，你要为此感到自豪和庆幸，毕竟这个时代人人都在追求资源，都在尽可能地让自己变得更加强大。

就拿人际交往来说，如果你有能力让领导帮忙，有能力争取到贵人的相助，这实际上证明了你具备高超的交际技巧，证明了你有能力吸引更多人的注意，这是一种能力。这种能力未必就意味着你的个人行为存在问题，就意味着你是一个不择手段的坏人。所以，你不应放弃这种能力，恰恰相反，你更应该好好珍惜和利用这种资源，重视这种能力。

相比于男人来说，女人在收获成功时，面对的困难更多，面对的压力和阻碍更大，因此，女性通常需要更多的资源来为自己铺路，需要懂得掌握更多的资源来为自己的人生铺路。如果你缺乏那种魄力，你总是担心自己会被流言攻击，总是觉得女人没有必要太过出色，那么你最终只会浪费自己的资源。著名女作家杜拉斯说过："如果女人想要成为独一无二的成功人士，那么就不要轻易浪费上天赋予你的任何一点天赋。"你的美貌，你的优雅，你的温柔，你的善解人意，你的技能，你的渊博学识，你所认识的朋友、领导和客户，这些优势都能够为你提供帮助，实际上一个人如果连自己的优势都不能发挥出来，试问又如何才能获得成功呢？

乌克兰前美女总理季莫申科原本出生在一个贫困的农民家庭，但是她有着很大的梦想，她渴望摆脱贫困的生活，成为最具权势的女人。事实上，认识季莫申科的人都知道这个女人是一个非常有交际手腕的狠角色，为了实现自己的理想，她总是能够找到更好的资源来帮助自己。

比如，在1979年的时候，她嫁给了乌克兰共产党的中级官僚亚历山大，从此生活有了很大的保障，而且也拥有了一定的政治背景，为她日后的成功埋下了伏笔。当然真正让季莫申科开始走上成功之路的是20世纪90年代的私有化改革，当时她和丈夫果断开办私人企业，并且利用丈夫的人脉关系成功获得了丰富的天然气资源，而且还依靠关系获得了和俄罗斯进行交易的机会。在这一阶段，季莫申科的交际天赋得到了完美体现，而她也有效利用了所有的人脉资源。当时她和乌克兰国内的很多高官建立起了亲密的关系，也和很多重要人物展开了业务关系，就连一些敌人和对手，她也极力招揽。

1990年到1998年期间，是乌克兰最混乱的时期，而季莫申科正是在这一段时间有效利用身边的资源，为自己积累了大量的财富，成为了乌克兰最有钱的金融寡头之一。也正是因为积累了大量的财富，季莫申科拥有了足够的资本进军政坛，并且依靠良好的交际能力以及与军政界的关系，她总能够化险为夷，最终成功登上权力的巅峰。

我们常常说："是金子总是会发光。"可是想要让金子发光除了金子的成色要足，还需要有人来为你拨掉身上的沙子，需要各种各样的加工手段，还需要有人为你提供更好的展示平台。这些资源有时候比你自身所具备的能力和价值更加重要，因为恰恰是外在的这些资源能够包装你，提携你，才能够让你更快地获得成功。所以，你不仅要提升自己的能力，还需要好好利用自己身边的资源。

9. 挑战极限，没有什么不可以

在日常生活中，我们常常会听见有些人这样说：“这已经是我的极限了，我没有办法做到更好了。”但事实上，我们的极限真的仅仅在于此吗？我们是否真的没有办法去寻求更大的突破呢？心理学家认为人很容易给自己“加盖”，轻易就给自己设定某一个界限，这样就将自己的能力束缚在这一层面上。其实在科学家看来，人的潜能还远远没有被开发出来，我们还有很多发挥的空间，而这些潜在的能力需要我们自己去激发出来。

对于女人来说，这种“加盖”的现象可能更加严重，因为多数女人都有一种自我贬低的倾向，她们会惯性地认为自己能力不足，认为自己所能做到的事情不多，所以对自己并没有什么特别高的要求。而这样的消极想法显然压抑了女人的创造力和潜力的发挥，也降低了成功的可能性。

李宁公司的广告词是“一切皆有可能”，这种可能性同样存在于女人身上，女人同样具备强大的实力来证明自己，同样具备成功的能力，只不过她们需要挣脱束缚，需要努力去挑战生活，去挑战自己的极限，这样才能在超越中获得进步和发展。

如果要评谁是体坛上最能创造奇迹的运动员，那么俄罗斯的撑杆跳女皇伊辛巴耶娃绝对榜上有名。作为一个撑杆跳运动员，伊辛巴耶娃几乎没有遇到任何对手，每次当她参加比赛的时候，大家根本不关心冠军的归属问题，而是想着伊辛巴耶娃是否能够再次打破自己创造的世界纪录，可以说她能否打破纪录几乎成为了全世界最关心的话题。

不过一开始，伊辛巴耶娃是一个体操运动员，不过教练很快发现了她在撑杆跳方面的才华，于是就建议她改行练习撑杆跳。15 岁那年，伊辛巴耶娃正式开始接触撑杆跳，而她的表现让人眼前一亮。尽管表现出众，但是教练认为伊辛巴耶娃的跳高高度应该在 4 米 80 左右，因为伊辛巴耶娃多次比赛的成绩都在这一水平上徘徊。

但是，伊辛巴耶娃显然不愿意就此给自己下定论，她认为只要自己努力，一定可以做得更好一些。正因为有如此强大的信念，在 2004 年 2 月，她创造了 4 米 83 这一室内撑杆跳的纪录。这一成绩的出现，更加坚定了她继续挑战极限的想法。那时候她不断告诉自己：为什么不试着再次挑战自己呢？为什么不试着挑战一下 4 米 85 或者更高的室内比赛高度呢？

就在伊辛巴耶娃跳出 4 米 83 之后的一个星期，名将费奥法诺娃以 4 米 85 的成绩刷新了室内撑杆跳的纪录，毫无疑问，这刺激了伊辛巴耶娃，她觉得既然对方可以跳得那么好，那么自己也有机会打破纪录。几周之后，伊辛巴耶娃就跳到了 4 米 86 的高度，而此后的她根本无可阻挡，短短的一两年之内，她又分别跳到了 4 米 87、4 米 88、4 米 89 的高度。到了 2006 年，她跳到 4 米 91 的高度，2009 年，她再次突破自己，冲破了室内赛 5 米的高度。

在室内比赛当中，已经没有人可以阻挡伊辛巴耶娃的脚步了，而在室外比赛的场地上，伊辛巴耶娃也时刻不忘挑战自己。她在 2004 年的雅典奥运会上跳出 4 米 91 的高度。当时所有人都认为在未来五年内没有人能够挑战这一纪录，可是到了 2005 年，她就跳到了 5 米 01 的高度。2008 年，她又创造了 5 米 03 的新高，几个月之后的北京奥运会成为了她再次创造奇迹的舞台，在决赛中，她以 5 米 05 的高度再次俾睨群雄。

有人做过一项调查，发现伊辛巴耶娃一生中 28 次打破了世界纪录，这样的纪录足以让所有的运动员咋舌，可以说唯一能够打破纪录的只有她自己。有人对此感到非常好奇，询问伊辛巴耶娃为什么能够不断创造奇迹。伊辛巴耶娃笑着说：“只要你不断去挑战极限，那么任何梦想都可能会实现。”

美国著名的职业规划师尼雅曾经这样告诫女性职员：第一，了解自己所能做到的事；第二，了解自己的工作极限在哪儿；第三，不要说“我只能做到这种程度了”。女人同样是潜力无限的，她们并没有因为性别之差而真的就低人一等，就真的缺乏足够的创造力。

女人应该记住一点，永远不要在工作中轻易给自己设限，不要轻易在自己头上“加盖”，你应该保持强大的自信心，要告诉自己一切还有进步的空间，要告诉自己不断去突破极限，只有这样才有机会让自己变得出类拔萃，让人生更加光彩耀人。

10. 女人的成长比成功更重要

《哈利波特》的作者J·K. 罗琳现在是身家数十亿美元的大富翁，但是在成名之前她一度穷困潦倒，并且自嘲是除流浪汉之外全英国最穷的人。事实上罗琳毕业于名校，完全可以找一份非常体面的工作，可是她就是喜欢写作，为此她果断地拒绝去公司里当职员，或者是成为一个律师。正因为这样，她曾经和父母发生激烈的冲突，但是她仍旧坚持自我。

数年之后，同她一起毕业的同学都开始拥有自己的事业，很多人甚至担任公司的高级领导，而罗琳却一边写书，一边到处打工挣钱养家，再加上她还要抚养孩子，生活的艰辛可想而知。而在经历多年苦楚凄凉的生活之后，她终于凭借《哈利波特》获得了巨大的成功。

后来，罗琳在哈佛大学的演讲当中提到了自己曾经面临的失败生活，她坦言那段生活非常黑暗，但是却很有价值，那些成长过程比现在的成功更具意义，她说：“为什么我说失败是有好处的？因为失败将那些非本质的东西都剥离了。我不再伪装自己，我找到了真正的我，我将自己所有的精力，投入完成对我最重要的唯一一项工作。”在罗琳看来，这样的成长方式和成长过程实际上比成功要更加重要一些。

李开复曾说过："你可以不成功，但不可以不成长。"成功只是一个结局，在一定时期内，一个目标的完成只是一个暂时性的符号，它并没有太多的意义。而成长是一个过程，是一个漫长的过程。成功往往会掩饰很多问题，而在成长过程中，你可以了解自己最缺少什么，了解自己的优势在哪里，你能够在成长的过程中获得足够的经验，也可以不断提高和完善自己。

阿根廷女总统克里斯蒂娜·费尔南德斯说过："相比于我获得了多大的成就，我更愿意告诉你们我是如何一步步在失败中走过来的。"在她看来，自己的成功并不能代表什么，其实真正有意义的东西在于自己所经历的那些成长过程，在于自己所面对的那些困难。那些经历才是支撑生命的支柱，才是提升生命品质的关键。

没有成长，成功又从何说起呢？没有成长，我们的成功必然会黯然失色。事实上成功就像一张文凭一样，本身并没有多大的价值，即便不努力，你也可能想方设法拿到这张"文凭"。最重要的还是要看你学到了什么，看你是如何学习的，看你如何去应对各种各样的困难。另外，所谓的成功其实并不是你得到了第一，并不是你得到了某个地位和头衔，而是看你是否激发出了更多的潜力，看你是否能够超越和突破自己。

正因为成长过程很重要，所以女人一定要去经历生活，要增加自己的阅历，去丰富自己的体验，不要过度看重结果，不要过度看重人生的成与败，其实经历了，就是最大的成功，就是最大的收获。对于女人而言，人生最精彩的地方不在于你获得了怎样的成就，而在于你有过何种经历，那才是生活中最大的一笔财富。

心理学中有一个"不值得定律"，心理学家认为一旦人们认为自己的付出不能够获得成功，或者说付出的努力没有办法收到应有的回报，那么在做这件事之前，他们往往就会提前否定掉，就会认为这些事根本就不值得去做。正是因为这样，很多女性朋友常常会因为觉得收获不大而放弃体验生活的机会，会因为害怕失败而不敢动手去实践自己的梦想。

如果你想要充实自己的生活，想要让自己的人生变得更有魅力，就要更加积极地去体验生活，去尝试一些未曾尝试过的生活。也许你最终会失败，但是这种失败并非是毫无意义、毫无价值的，你可以从中获得很多经验和启示。对于女人来说，成功不应该是人生一个绝对意义上的标签，而应该是一种体验，你可以拥有成功的体验，也可以拥有失败的体验，这些体验都是生活中不可缺少的。

“股神”巴菲特曾经坦言在自己的投资中，有一半以上都是亏损的，但是他依然愿意去继续冒险。他之所以如此热衷于投资，一方面是因为投资和冒险能够给自己带来更多的乐趣，另一方面，他非常享受这样的过程，无论成功和失败，他都觉得这是生活的一部分，而且他能够从这些经历中获得更多的经验。正因为这样，巴菲特认为人们之所以敬重他，并不是因为他是亿万富豪，也不是因为他是一个成功人士，而是因为他具有无可比拟的传奇经历，这才是每个崇拜者最感兴趣的东西。

如果你是一个睿智的女人，如果你是一个了解生活本质的女人，如果你想要让自己的人生变得更有价值、更有意义，那么就应当懂得努力去体验生活，大胆去追求梦想，要让自己的生活更加充实一些。你要明白，自己真正收获的是你所经历的一切，而不仅仅只是成功。

第三张牌 人脉：贵人相助，麻雀也能变凤凰

一个人事业成功的二八法则是：80%来自与人相处，20%来自自己的专业技能。它告诉我们，你有多大的人脉，就有多大的机遇，就能成就多大的事情。当你靠一己之力无法达到目标时，你就需要借用别人的智慧，并且广泛地积累人脉。不懂这个道理的女人，就算拥有聪明绝世的才华，也终究会被埋没。

1. 成功不在于你知道什么，而在于你认识谁

好莱坞流行一句话："一个人能否成功，不在于你知道什么，而在于你认识谁。"这是一个靠人脉成大事的时代，无论你是公司的管理者，还是普通的员工，只要你想成功，都逃脱不了人脉的影响。有句话说得好："有人脉成功就像坐电梯，没人脉成功就像爬楼梯。"这句话道破了中国人心照不宣的成功潜规则。

很多女人经常感慨：为什么求人办事这么难呢？为什么别人成功那么容易呢？我的命不好啊，我的运气不好！生活中，有这样感慨和叹息的女人并不少，在她们看来，成功需要很大的运气，还与"命"有关。真是这样吗？其实不然，成功真正靠的是人脉，她们没有意识到这一点，没有重视人脉的建设，自然难以轻松办事、顺利成功。

很多人认为，成功要靠自己，事实上，一个人的能力是有限的。因为这不是一个靠单枪匹马就可以打天下的时代，一个人再有能耐，力量也是渺小的，就如同大海中的一滴水，难以掀起万重浪。只有善于结交人脉，借助别人的力量，才能最快到达目的地。

俗话说："一个篱笆三个桩，一个好汉三个帮。""在家靠父母，出门靠朋友。""天时不如地利，地利不如人和。"放眼天下成功人士，在他们奋斗的过程中，都得到了贵人的支持。世界首富比尔·盖茨经常被人问到"如何成为世界首富"，每次他的回答都一样："因为我请了一群比我聪明的人来帮我工作。"

人脉就好比一座无形的金矿，拥有了这座金矿，就掌握了取之不尽的财富。富人认识到了这点所以富人富了；富人认识得深刻，于是富得流油了；穷人没有认识到这点，所以穷人穷了一辈子；穷了一辈子还不算，穷儿子、穷孙子，一代代穷下去！

想要成功，就必须有人脉。人脉众多，才能四通八达。作为女人，一定要明白：社会就是一张巨大的网，每个人都是网上的一个结，和你连接的“结”越多，你就越有影响力。反之，如果只是一个“结”，即使这个结再大，还是孤零零的“结”，终究于事无补，尤其是在中国这个重视人伦关系的国家。

如果有人问你：创业应该具备哪些条件？你可能会脱口而出：“资金和技术。”没错，这是重要的创业条件，但不是最关键的，因为最关键的是人脉。很多时候，成功真的不在于你知道什么，而在于你认识谁。当你拥有足够丰富的人脉资源时，你的资金自然不成问题，你的技术难题也会迎刃而解。

虽然人脉不是金钱，但是人脉胜过金钱。它是一种无形的资产，有了人脉，金钱早晚会有的。比如，你有丰富的人脉关系，当你创业时遇到了难题，你一个电话，就能找到熟人帮你解决问题。这不就帮你省钱、赚钱了吗？反之，你没有人脉，你费了九牛二虎之力都无法解决问题，或者能解决问题，但要付出很大的代价。这里的差别，足以体现人脉的重要性。

你见过蜘蛛结网吗？蜘蛛结网时，总是以一个固定点为立足点，引出很多长丝，这些长丝在空中飘荡，粘到其他物体上。然后，蜘蛛用脚触长丝的固定点，发现拉不动了，那么一根“天索”就架成了。就这样，蜘蛛重复着织网……

其实，结交人脉与蜘蛛结网很相似，蜘蛛不断扩大它的捕猎网，我们也应该不断扩大自己的人际关系网。要知道，有句话是这样说的：“一个人能否成功，不在于他知道什么或做什么，而在于他认识什么样的人。”尽管这句话不完全对，但不得不承认的是，世间成功的一大秘诀就是充分利用自己的人脉圈。

美国石油大王约翰·洛克菲勒曾经说过："我愿意付出任何的代价来换取结交朋友的本事。"这里任何的代价肯定不排除洛克菲勒的巨额财富，难道巨额财富没有结交朋友的本事重要吗？难道洛克菲勒那么愚蠢吗？当然不是，而是因为洛克菲勒在长期的商业活动中深刻地明白朋友对一个人走向成功的重要性。

在如今这个残酷的现实环境中，一个女人如果想取得一点成就，想出人头地，必须要有强大的人脉作后盾。看看那些事业成功、爱情美满、生活幸福的女人，她们其实并没有多么高深的智慧，如果硬要说有，那不过是因为她们善于和别人打交道，擅长结交朋友，懂得借助朋友之力。

所以，女人们，如果你想成为富裕的人，想成为女中豪杰，就从今天开始，不断地扩大自己的人际关系圈吧。要像滚雪球一样，把自己的人脉圈越滚越大，不断结交新朋友，同时又不忘老朋友。只要你有这种心态，那么你走到哪里，都能结交到朋友。这样，你的人脉圈不就越来越广了吗？

气球之所以飞不起来，是因为它没有被充气；人一辈子不走运、不成功，是因为他没有足够的人脉。正如一句俗话所说："顺风行船易，逆水驾舟难。"有经验的水手，航行于大海之中，往往懂得借助风力，从而快速前进。在人生的茫茫大海中，借助人脉的力量如同借助风力，能帮你取得事半功倍的效果，助你早日成功。

2. 人脉决定女人的"富贵指数"

自古以来，对富人的巴结，对成功者的讨好，对权贵者的逢迎，就是人性的通病。虽然说起来不怎么好听，做起来不怎么好看，但不可否认的是，“攀龙附凤”是我们在这个复杂的社会中生存下来、顺利地走向成功的重要途径。因此，老实女人无需抱怨什么，也没必要指责那些“攀龙附凤”的人，相反，在有些时候还必须学会“攀龙附凤”，这对自己是有好处的。

其实，“攀龙附凤”往好的方面说叫“借力”，借用别人的名气、智慧、权势、资源等，来帮助自己达成目标。毕竟很多时候，个人的能力是有限的，善于借用别人的智慧是必需的。无论是在商业中，还是在官场中，抑或是在职场中，“攀龙附凤”都是必须的。下面这个故事对老实女人非常有启发意义：

几年前，有位名叫布杜拉的土耳其人，他本来是个穷困潦倒的人，但是由于他善于“攀龙附凤”，不但有了许多名人朋友，还把自己变成了一个百万富翁。他到底是怎么做到的呢？

说来也很有趣，他把很多世界名人的照片放在自己的签名簿里，又模仿名人的笔迹，把名字签在照片的下面，然后他拿着这个签名簿浪迹天涯，专门拜访工商巨子和知名富翁。

见到名人之后，布杜拉就说：“我是你的仰慕者，我从千里之外的土耳其来拜访你，就是为了得到你的一张照片，放在这本世界名人录上，再请你签上大名，我们会给你加上简介，等它出版之后，我会给你寄一册过来。”

这些人都是有钱人，又喜欢摆阔，又爱面子，听到布杜拉这么说，他们觉得自己能跟世界名人排在一起，便感到风光无限，所以，他们会毫不犹豫地给布杜拉一些钱，多则几千美元，少则几十美元。因此，布杜拉除了得到名人的照片、语录和签名之外，还顺便获得了财富。把这些钱累积起来，布杜拉共计收入500万美元。

布杜拉是聪明的，他通过一本签名簿来向富人借力，在这个过程中，他不但抬高了自己的身价，还满足了富人的虚荣，同时又获得了自己想要的财富。由此可见，聪明的攀龙附凤并非低声下气的祈求，相反，它是一种艺术，是一门学问，是可遇不可求的赚钱方式。

对于涉世不深的女人，对于老实做人的女人来说，学会“攀龙附凤”显得尤为重要。因为很多老实女人一生老实，宁愿受苦受累，也不愿意多说一句好话，迎风拍马，到头来，累死累活，却过得不如意。何苦这样呢？所以，如果你想出人头地，不妨学会势利一点，世俗一点，这样才能突破人脉的局限，扩大自己的交际圈。那么，怎样“攀龙附凤”呢？

第一，了解别人的关系网，做好外围的工作。

任何一个人都有自己的关系网，如果你想和某个人攀关系，就必须先了解他的关系网，做好外围的工作，比如，他的身世、他的社会关系（同乡关系、亲属关系、朋友关系、职场关系等）、职业、个性特点等。掌握了这些信息以后，鉴于你与这个人没打什么交道，你可以采取“曲线救国”的策略，让熟悉那个人的朋友把他约出来，比如出来吃饭、开派对等，于是你就有机会和他打交道，从而和他建立联系。

第二，采用委婉自然的方式，牵动旧情。

与你想结交的人打交道时，拉关系是必须的，但是拉关系不能生拉硬扯。本来没有亲戚关系，非要扯出亲戚关系；本来和对方的某个朋友没有交情，却偏要编出和对方情深义重。这样很容易引起对方的反感和鄙视。

聪明的女人在拉关系的时候，应该循循善诱、顺理成章，委婉自然，给人一种“不经意提起，却一语中的”的感觉，从而牵动对方的旧情，甚至让人在旧情旧事中沉醉。如果你能把关系拉到这个份上，还愁和对方成不了朋友吗？

第三，讲究场合，到什么山上唱什么歌。

攀关系要注意场合，在众目睽睽之下，不便与别人攀关系。因为在这种场合，谁愿意公开自己的身世和社会关系呢？相反，你还会给别人留下一种多事、多情、巴结人家的丑恶嘴脸。所以，要想和别人攀关系，不妨在私下拉家常、唠闲嗑的时候，或在酒桌上小酌两杯，在茶余饭后散步的时候，在这些类似的场合里，攀关系最容易打动人心。

第四，讲究攀关系的方法和艺术，见什么人说什么话。

攀关系要注意方法和艺术，必须学会见什么人说什么话。只有懂得这一点的女人，才会通过投其所好赢得别人的好感。比如，你想和某公司的一位高层领导攀关系，假如他是一位特别顾家的男人，你和他攀关系的时候，不妨多聊聊家常；假如他是一位篮球爱好者，你不妨和他从聊篮球开始；再者，由于他是公司的高层管理者，对行业内的信息特别重视，因此，如果你发现他的竞争对手有什么风吹草动，你可以把这个信息转告给他，不知不觉成为他的情报人员，赢得他的好感。由此可见，要想和别人攀关系，就要善于捕捉对方的心理需求和兴趣爱好，学会投其所好。

3. 不是富人，也要搭几次头等舱

有人说："穷人之所以穷，是因为眼中容不下富人。"这句话很好地解释了贫与富的问题。现实生活中，很多老实人一辈子勤勤恳恳，吃苦耐劳，却始终碌碌无为。是缺少才华吗？是缺少能力吗？并非如此，而是缺少了贵人相助。其实，他们只需要明白一点：自己就算"穷"死，也应该站在富人堆里。

国内有一个调查显示，在各行各业的高层管理者中，凡是做到中、高级以上主管的，有90%的人都受到过上级领导的栽培；而做到总经理的，有80%的人遇到过贵人；那些自己创业当老板的，竟然100%都是被人提拔过的。也就是说，那些成功者中，大部分人都有贵人相助。

海燕出身于穷山沟里，家里基本上是九代穷，可是她自己脑瓜聪明，学习成绩很好，家人都把改变家族命运的希望寄托在她身上，她自己也有着强烈的翻身愿望。大学毕业之后，海燕进入某知名的报社工作。由于长相端庄，为人踏实，聪明能干，她备受领导的青睐，私下里和领导的往来也比较多。正好该领导有个儿子，与海燕年龄相仿，两人日久生情，终成眷属。

从此之后，海燕不但获得了质量上乘、结构合理的人脉资源，还时不时得到领导的悉心指点，再加上她自己聪明能干，因此，在职场上的发展可以称得上“突飞猛进”。那位领导集上司、公公、导师三重身份于一身，成为了海燕生命中最重要的贵人。几年后，海燕成了报社的副总编，当年的“麻雀”真的变成了“金凤凰”。

海燕的职业生涯能达到那样的高度，除了她个人的努力之外，最重要的是她遇见了贵人。倘若缺少贵人相助，光靠个人努力，可能会活得舒服一点，发展得顺利一点，但是恐怕难以取得那样的成就。

对女人来说，社会上有一种说法，“没有结婚的女人前途无量”。言外之意是，丑小鸭一旦与富豪结婚，就能一步登天。如果你要想让自己的人生获得较高的成就，或许可以通过结婚结盟的途径，让自己站在比别人更高的起点上，像凤凰那样展翅高飞。

我们看到现实生活中总有一些女人很聪明，也很能干，但总是遭到“封杀”。为什么？就因为她们总是藐视一些与人处世的规则。当然，这些女人最后总是看到一些不如自己的人被提拔上去，自己仍然在原处打转转。

很简单，因为这样的女人，不能和人很好地合作，也不会去结交朋友。而现在的社会没有一件事可以靠一个人单打独斗来完成，所以，即使她们个人的业务再出色，也是被踢出局的对象。于是，在生活中就出现了这样一群牢骚满腹的“聪明女人”。

人脉就是我们的生存竞争力。我们活得好与不好，与人脉息息相关。是的，年轻的你可以依靠自己的专业找到一份合适的工作，但是，你以后的发展，专业就是次要的了。而你人脉的强弱就成为你以后成功的关键所在。一个人脉竞争力强的女人，她的人脉资源比一般人要更深更广。通过人脉，她可以得到最新的有用信息，进而利用这些信息，来让自己升迁，或者让自己获得财富。

相反，如果你的身边没有几个富人，缺乏这样的人脉，那你纵然再有能耐，可能也只能像泥鳅那样在烂泥中翻腾，始终难以跳出泥淖，一身轻松地在大海里畅游。你的才华和能力，也难以得到充分的发挥。对年轻的女人来说，也许你没有足够的资本成就大事，但是你完全可以试着寻找生命中的贵人，让自己快速走上康庄大道。

有个经历了失恋之痛的女孩，在大学毕业的一次求职面试中，认识了一位慈眉善目的学姐，这位学姐似乎看穿了她的心思。当时这个学姐是某大企业的人力资源部经理，比她早毕业几年，对感情和工作都有独到的看法。

尽管这个女孩和学姐在学校时并未谋面，但是基于校友情谊，这个学姐诚恳地劝这个女孩："与其沉溺在一段逝去的感情中，不如找一份有挑战性的工作，好好释放自己的能量，重新发现自己的潜能，让别人看到不同于以往的你，将来你会获得更好的爱情。"

虽然面试进行得十分顺利，但由于女孩自己的选择，她并未加入这个学姐所在的公司，而是选择了一家规模较小的企业，开始了自己的职业生涯。在之后的工作中，这个女孩经常和学姐发邮件交流感情，交流工作心得，向学姐学习职场为人处世的经验。当工作中出现麻烦事时，她会向学姐请教。就这样，她们经常通邮件，两人建立了很好的友情。

一年以后，已经升为人力资源部门总监的学姐突然打电话给这个女孩，说："我们公司业务部有个空缺，你要不要来试试?"经过几个星期的面谈，她决定加入学姐的公司，换个更宽的跑道，让自己接受更大的挑战。

在这个案例中，那位学姐就是那个女孩生命中的贵人，她从学姐身上学到了对待感情和工作的态度，学到了职场生存的技能和经验，还通过学姐的帮助得到了一份不错的工作。在你的生命中，有没有这样的人呢？他既像你的朋友，又像你的导师，还是你的成长伙伴。如果生命中有这样的人，那将是你的福分。

年轻的女人，如果你只有一个穷爸爸和一帮穷亲戚，但是你还是想嫁得好，想有自己的事业，那么你就要知道：单凭自己的能力和智慧，是远远达不到自己的愿望的。此时，你需要一个扭转命运的机会——从现在开始，挤入富人堆里，累积自己的“人脉存折”。

青春有限，时间和精力更是有限，在这个竞争激烈的时代，女人仅凭自己的那点资本“小打小闹”，即使累死，也不会得到自己的想要的幸福。聪明的女人知道：是的，自己没有什么资本，但是自己可以依靠别人的资本来实现目标。而依靠别人，首先就要扩大自己的人脉。当然，这对于好多人来说，认识一些自己需要的人并不是什么难事。所以，我们看到，那些每天找朋友聊天的普通女人，却可以出乎意料地很快走向成功。因为她们知道也许就是在自己参加的富人派对中，找到自己的“富贵命”。

一个人事业成功的二八法则是：80%来自与人相处，20%来自自己的专业技能。成功人士告诉我们，你有多大的人脉，你就有多大的机遇，你就能成就多大的事情。不懂这个道理的女人，即使拥有聪明绝世的才华、倾国倾城的美貌，也终究会被埋没。

4. 你和世界上的任何一个人之间只隔着4个人

有的女人总是抱怨，为什么她长得不漂亮，气质也不好，但是却认识那么多有钱人？并且人家还对她都很好？甚至当大家忙着找工作的时候，她就被某公司的大老板聘请当经理助理了。许多人看到的都是别人的幸运，但是却没有看到在幸运的背后别人付出的艰辛。一个本身并不出众的女人，往往在结交一些“上流人”时，要付出更多的努力。因为知道自己本身就是“门不当，户不对”的，自然不会简简单单就可以得到别人的认可，尤其是身份特殊的人物。

也许，你会说，我也在很努力地去结交一些很厉害的人物，但是很少有人会回应。难道自己非要用自己的“热脸”贴人家的“冷屁股”？是的，难道一个可以让我们得到“命运转机”的人，不需要我们放下所谓的“自尊”吗？并且，如果你想得到一个有身份的人的认可，只有长期地坚持下去才会收到好的效果。当然，这是年轻的女人很难接受的，用自己的“薄脸皮”去做这样的事情，真是太难堪了。如果你有这样的想法，那么就不要羡慕别人的好运气了。所谓“吃得苦中苦，方为人上人”，这种苦不仅是学习中的苦，还有学习以外的苦。

如果你想要结交贵人，就要长期坚持下去，不然，以前做的所有工作都会以失败而告终。你投注的资本越多，中奖的可能性也就越大。

当然，在你主动地“攀龙附凤”的时候，还要注意一些方法：

其一，不要做旁观者和局外人。

没有贵人会主动地来问你需不需要帮助，如果你是一个旁观者的话，想必你永远也得不到贵人的青睐。并且，能够对你有所帮助的人不会总是出现，只有你经常置身于人脉之中，才有可能去认识你的贵人。

其二，发掘对方关心的事物。

当然，想要结交你想认识的人，还是需要一定策略的。因为这些人本身就像明星一样受人关注，而如果你想要成为一个特殊的“追星者”，就要注意你想结交的人喜欢什么，关心什么，这样你才有话题来和他攀谈，才有机会得到他的认可。

其三，积极参与社交。

当然，在我们认识“贵人”之前，身边都是一些像自己一样平庸的人，那么，你需要去结交一些新的朋友，在新朋友之间去寻找你想去“攀附”的人。

其四，不要害怕挫折。

任何一件可以让自己成功的事情，都是不简单的，难度也都是相当大的，所以，你需要把挫折当饭吃，即使自己屡战屡败，也要让自己打起精神，愈战愈勇。记住，不要怪别人冰冷，因为自己的热情还没有让对方感动。

5. 慧眼识人，找出那些隐藏在普通人中的“贵人”

有句话说得好：“你还没成功，是因为你还没有遇见贵人。”可是贵人在哪里呢？很多人都抱怨自己的朋友太少，抱怨自己的朋友大都是酒肉朋友，真正想找他们帮忙时，就逃得远远的，还谈什么“贵人”？

其实贵人身上并没有写着“贵人”两个字，贵人也是普通人，关键在于你是否有智慧的双眼从茫茫人海，从你那些看似普通的朋友中把他识别出来。如果你做不到慧眼识人，那么即使你身边有贵人你也会错过。

有个小姑娘名叫王灿，毕业于名牌大学，毕业之后将近一年都找不到工作，整天待在家里无所事事，于是就和隔壁家的王阿姨等人打麻将。

有一天，一位邻居问王灿：“丫头，你找到工作了吗?”

王灿说：“我学的是历史，大冷门儿，工作好难找的，我找了快一年了，都没找到呢!”

这时候旁边的另一位邻居说：“经常跟你打麻将的那个王阿姨不是你们市重点高中教导处主任的妈妈吗？你可以问问她啊，说不定她儿子能帮你在学校找个教历史的工作呢!”

王灿一拍脑袋，说：“哎呀，我只知道跟她打麻将了，你说我咋知道她还有一个当教导处主任的儿子啊!”

说完之后，王灿买了一些水果，赶紧去王阿姨家。碰巧王阿姨的儿子在家，但是他告诉王灿：“你怎么不早说啊，上周我们学校刚跟一个普通师范大学历史系毕业的学生签约，你要是早点告诉我们，我们肯定帮忙啊，都是一个小区的邻居。”

故事讲到这儿，如果你是王灿，听到这样的结局你懊恼吗？后悔吗？可是已经没有用了，只能怪自己“有眼无珠”，或者说没有擦亮双眼发现身边隐藏的贵人。

生活中，很多女人只知道在牌桌上打牌、在邻居面前抱怨，却忽略了深入思考了解牌友、邻居的职业、社交地位及朋友圈子。如果你是有心人，别人不经意的几句话就能让你眼前一亮，从而发现你一直寻找的贵人。

你的世界不缺少帮助你的贵人，而是你缺少发现贵人的慧眼。如果你能把握住身边的贵人，那么你就能率先把握住别人没有的机会。因为关键时刻，贵人能向你提供信息资讯，给你提供机会和平台，让你领先一步，处处为“赢”。

那么，怎样才能发现贵人呢？贵人又有哪些特点呢？下面就来详细地分析一下贵人的特点。

特点1：无条件挺你的人。

当一个人愿意无条件挺你时，他肯定是你的贵人。因为他相信你，他接受你。当他知道小人在背后制造流言蜚语中伤你时，他也会毫不犹豫地挺你，来帮你说话澄清。这样的人是你不可多得的朋友，是你命中的贵人。

特点2：愿意唠叨你的人。

谁会没事向一个自己不在意的人唠叨？当一个人唠叨你时，说明他在意你，他的唠叨对你是一种提醒，他不希望你多走弯路。你的身边是否有这样的人呢？

特点3：愿意与你分享分担的人。

无偿地与你分享分担的人，是你风雨兼程的朋友，是你生命中的贵人。很多人有福同享，但是有难却不能同当，但是有些人愿意与你分担痛苦，承担困难，在你最落魄的时候对你不离不弃，这样的人值得你珍惜。

特点4：教导你、提拔你的人。

有一种人，他能看到你身上的闪光点，也了解你的不足，他协助你，提拔你，对你不嫌弃。当你遇到困难时，他会给你指点，为你出谋划策。这种人不是你的贵人，又是什么呢？

特点5：懂得欣赏你长处的人。

一个懂得欣赏你长处的人，表明他肯定你这个人。有些上司虽然发现了你的优点和长处，但是未必接受你的长处，更别说欣赏你的长处。因此，你要学会珍惜那些欣赏你长处、肯定你的人。

特点6：容易生你气的人。

如果你身边有个人会傻傻地生你的气，你至少要感激他。因为这证明他很在乎你，试想，一个不在乎你的人谁会傻傻地生你的气呢？当他生你的气时，你有必要询问情况，给予安慰，让他对你的好感更进一步，日后当你有困难时，他肯定不会袖手旁观。

6. 将有影响力的大人物变成你的“圈里人”

你想结交有影响力的“大人物”吗？如果你想在职场上步步高升，在事业上快速进步，在经济方面更加富有，那么你就有必要把大人物变成自己的“圈里人”。因为傍个“大款”，穷光蛋能摇身一变成“大款”；站在巨人的肩膀上，矮个头也能看得像巨人一样远。所以，成功的最有效的捷径就是借用大人物的力量。然而，结交大人物不是容易的事情。要想获得大人物的认可，你就必须找到合适而有效的方法。

邓晓敏是一所名校的高材生，大学毕业那年，当她的同学都在为找工作忙得焦头烂额时，她却不急不躁、非常冷静，她知道要想得到一份好工作，就必须结交贵人。于是，她通过多方调查，找到了一家大型企业老总的邮箱，然后给对方写了几封自荐信。

在信中，邓晓敏剖析了那家企业将要进军欧洲市场的前景，明确地表达了自己的能力和对企业的信心。正是这份报告打动了那家企业的老总，结果邓晓敏顺利地进入了那家大公司。

聪明的邓晓敏利用自荐的方式把“大人物”变成了自己的圈里人，这种做法值得所有女人学习。当你把大人物变成自己的圈里人之后，在对方的影响和帮助下，你就能获得一种向上的动力，这就好像稻谷吸足了水分之后会拼命拔高一样。即使你无法一步登天，也足以从茫茫人海中脱颖而出。

当然，在你和大人物结交的过程中，你可能会遭遇对方的冷眼。你大可不必在意这些，因为这是情理之中的事情。作为一个“小人物”，你要有被大人物冷落的心理准备。同时，你要在与大人物结交之前做好其他方面的准备工作，以便更从容地与大人物打交道。

下面介绍几点与大人物交往的前期准备和注意事项：

第一，充分了解大人物的社会背景。

俗话说：“不打无准备之仗。”结交大人物不亚于一场重要的战役，在如此重要的战役打响之前，你怎么能不调查其社会背景呢？正所谓：“知己知彼，百战不殆。”其实，说到底大人物也是普通人，他们不仅有复杂的社会关系，也有各种各样的业务，还有五花八门的兴趣爱好。你可以从与之打过交道的人口中去打听对方的信息，了解对方的业务、兴趣爱好等，然后找一个合适的机会，与对方来一次美丽的“邂逅”。

对女人来说，你在初次与大人物打交道之前，有必要把自己打扮一番，让你看起来楚楚动人，让大人物对你一见倾心，只要他对你产生了好印象，那么你就有机会进一步与之交往。

第二，在与大人物碰面时适当寒暄和提问。

初次与大人物见面，你不妨先从寒暄开始，一句温柔而礼貌的寒暄，足以让大人物微笑回应。然后，你可以与大人物随便聊聊。聊什么呢？如果你想激发大人物的表现欲，赢得对方的好感，你就多问问他的成功经历，并表现出对他的崇拜之情。这样会让对方觉得很有面子。

关于和大人物聊天，最关键的是提问，提一些开放性的问题，更有利于大人物介绍自己。下面几个问题非常重要，你可以从中选取。

（1）“您是如何创立您的事业的？”对于这个问题，大人物没有不喜欢讲的，只要你主动倾听，他就会和你分享他们的故事。

（2）“您最喜欢您事业中的哪一点？”用正面的问题激发大人物的自我好感，这样更有利于对方保持兴奋。

（3）“您和您公司与竞争对手的明显区别是什么？”这是一个标榜自我的问题，给大人物自我吹嘘的机会。

（4）“近年来，你觉得你的行业发生了哪些重大的变革？”拥有丰富经历的大人物都喜欢回答这个问题，因为这个问题也表现他们的深度。

（5）“您对您行业的变化趋势有什么看法？”这个问题可以表现大人物的博学多才，让人感觉自己是个行家。

（6）“对于一位刚进入你所在行业的年轻女性，你有什么样的建议呢？”给大人物一个做老师的机会，给他尊重，他一定很乐意“好为人师”一把。

（7）“在你事业发展的过程中，你遇到最难忘的事情是什么呢？”每个成功人物都喜欢跟别人讲自己的奋斗故事，你提这个问题，对方内心一定会欣喜若狂。

（8）“你认为哪些方法能最有效、最快速地成功？”大人物对成功都有自己的心得体会，问问他们，他们一定会乐意谈。

（9）“你希望别人用什么样的话来描述你的成就？”当大人物听到这个问题时，一般会停下来，认真地思考一下。这个问题其实是巧妙的恭维，可能他身边的人从来没提过这个问题。这足以证明你对他的崇拜。

通过这些问题，你可以顺利打开大人物的话匣子，让对方对你产生好感，为你与他进一步交往赢得机会。

第三，在大人物面前适当展示自己的能力。

一般来说，大人物都爱才、惜才，如果你一味地赞同他、恭维他，不敢吐露自己的真实想法，那么他会觉得你在刻意讨好他，只有嘴上功夫，没有真本事。因此，想引起大人物的认可，你就要善于抓住机会适当表现自己，让他领略你的才能。当然，要注意表现的尺度，不要锋芒毕露，否则就喧宾夺主了。

7. 多结交一些优势互补的朋友

俗话说：“一个篱笆三个桩。”一个女人也需要有“三个帮”，女人不能没有朋友，尤其是不能没有优势互补的朋友。因为优势互补的朋友是一剂“强心剂”，在你郁闷的时候，他会带给你安慰；在你不开心的时候，他会带给你欢乐。优势互补的朋友还是一套无敌于天下的剑法，一长一短，一柔一刚，一阴一阳，两相合一，使你完美地发挥自己的功力，在生活、事业、爱情上所向披靡。

陈菲是一个性格开朗，脾气火爆的女孩，她最好的朋友可韵却性格内向，比较腼腆，不善表达。她们是同一家公司的同事，由于陈菲是第一个主动与可韵说话的人，她的热情让腼腆的可韵很感动，一来二去，两个人就成了要好的朋友。

陈菲喜欢动，可韵喜欢静，她们的性格差了十万八千里。可是她们对事情的看法，以及人生观、价值观却惊人地相似。因此，她们总是非常默契。她们性格互补，比如，陈菲做事积极，讲究速度，但缺少耐心，显得急躁；可韵心思细腻，但是做事优柔寡断。陈菲将可韵引导到一种积极明快的生活中，可韵则将陈菲引导到注重细节、沉稳谨慎的生活中，两人在工作中配合得很好，后来虽然两人都走进了婚姻，但是她们的友谊一直延续着。

在你身边，有没有类似于陈菲和可韵这样优势互补的朋友呢？优势互补的目的是互相影响，提高和完善自己；团结协作，更好地办事。既要在生活中找到共同的兴趣爱好，又要在事业上形成共同进步的法则。

假设一下，如果老实的女人结交了懂心机、会处世的朋友，是不是可以受到对方的影响，从而提高自己对人情世故的认识，提高自己为人处世的能力呢？要知道，社会是现实的，也是残酷的，而结交优势互补的朋友既能帮你进步，又能给你单调的生活添加色彩，让你寂寞的心灵获得更多快乐。这才是最大的共赢。

王欣和朋友刘悦在成都市市中心的商业区租了一个商位。王欣是当地一家电子科技公司产品部的职业经理人，而刘悦则是多年闯荡江湖的销售员，销售渠道畅通。王欣有资金，刘悦有营销技巧，两人一拍即合，取长补短，一个负责资金投入，一个负责拓展业务。

王欣利用自己在公司的人脉，拿到了最优惠的产品价格，而刘悦利用自己丰富的客户关系，快速打开了销售渠道，她们代理了多家公司的产品，比如，爱国者、海尔、明基、松下等品牌的电子产品，销售势头很好，效益也非常好。

工作之余，她们还是感情交流的好搭档，王欣为有刘悦这样的朋友而感到欣慰，她说："可以与自己优势互补的朋友一起做生意，真的是一件幸福的事情。"

其实，在结交优势互补的朋友时，应该重视"需要的互补性"，言外之意就是“缺什么就补什么”，通过向优秀的朋友学习，弥补自己的不足，提高自己的能力。如果你知道自己某方面的劣势，而你发现有个人在这方面很优秀，不管对方是男是女，你都可以去和他做朋友。这对你是非常有益的。

然而，在生活中，很多女人在选择朋友的时候，过于偏重志趣相投、能聊到一起的朋友。这当然无可厚非，但长此以往，很容易使你的朋友圈急剧缩减，让你的人脉过于单一，这对你个人的发展是极其不利的。要知道，性格相似的人，优势可能差不多，劣势也可能大抵相同，长期来看，你们的优势可能更“优”，但你们的劣势同样会更“劣”。这不利于你全面发展。所以，赶紧改变以往的交友观，从这一刻开始结交优势互补的朋友吧！在此，要注意两点：

第一，采用“横向交叉”的方式交朋友。

什么是“横向交叉”呢？关于这点，我们可以从不同的角度去理解。比如，思想品德上的优势互补、学术专业方面的优势互补、身材长相方面的优势互补、经济实力方面的优势互补、个性特点方面的优势互补，等等。除了这些方面的优势互补，你还可以结交不同地域的朋友、不同文化层次的朋友。

为什么这么说呢？其实，是有道理的。举个例子，你觉得某个人的品德很好，你想办法和他成为朋友，那么你在与他交往的过程中，就能从他身上获得很多品德方面的熏陶和影响，还可以通过他结交更多品德好的朋友；你觉得某个人化学、物理非常好，是专业类大学的高材生，你和他结为朋友，说不定哪一天你就需要这方面的人帮忙……

第二，采用“纵向交叉”的方式交朋友。

什么是“纵向交叉”呢？它主要是指年龄层面上的优势互补。我们知道，年轻人充满活力，思想活跃，创新精神强烈；年长者、老年人细心周到，处事稳重。年轻人信息来源广，总能了解最新消息；年长者思想成熟，底蕴深厚。由于有这些差异，因此，我们在交朋友的时候可以采取

“纵向交叉”的方式来结交年轻的朋友或年长的朋友。

培根曾经说过这样的话：“青年的性格如同一匹不羁的野马，藐视既往，目空一切，好走极端，勇于改革而不去估量实际的条件和可能性，结果常常因浮躁而改革不成。而老年人正相反。他们思考多于行动，议论多于果断。为了事后不后悔，宁愿事前不冒险。所以，最好的办法是把两者的特点结合起来。”

俗话说得好：“家有一老，如有一宝。”在你的交际圈中，老年人是必不可少的。同样的道理，年轻就是资本，在你的交际圈中也不能没有年轻人。如果你能结交年轻的朋友或年长的朋友，那么你必定能从他们身上获益良多。

8. 女人关系网中必须要有的七种人

很多女人都想结交五湖四海、五花八门的朋友，总想往春风得意、功成名就的人身边靠拢，对他们笑脸相迎，想请他们吃饭，想和他们攀关系，这是人性的特点之一。相反对于那些遭遇挫折和失败的人，往往避而远之，甚至表现出轻视和冷漠。虽然这是人之常情，但是这样做人也未免太功利了，这种结交朋友的方式也未免太不靠谱了。有没有更好的拓展人脉的方法呢？

王芬年纪轻轻，就在上海创办了一家文化公司。创业之初，公司经营得有模有样，效益非常好。朋友们见她开公司、做老板了，纷纷对她另眼相看，隔三差五地跟她通电话，约她出来吃饭。

可是好景不长，由于管理不善，公司财务出现了问题，加上一个大客户违约，终止了与她的合作，导致王芬公司的业务量大减。一时间，王芬面临着前所未有的难题，最困难的时候连员工的工资都发不出来。

自从王芬的公司出问题之后，她每天接到的朋友电话明显少了，饭局也少了很多，朋友跟她说话的口气、语态都不一样了。当然，王芬并不在意这个，只是觉得心理上有落差，不由地感叹世态炎凉。

一天，王芬的朋友张璇把她约出来吃饭，几杯酒下肚之后，王芬道出了当前的困难，张璇三言两语就安慰了她，说："资金有困难是吗？10万够吗？我目前只有这个能力帮你。"

听到张璇的话，王芬差点儿没感动地流出泪水。虽然10万元不能从根本上帮王芬解决难题，但是这对她来说犹如雪中送炭，让她精神为之一振。同时，王芬也深深感觉到，有困难时拉自己一把的人才是朋友，心想张璇日后有困难，必定倾力相助。

靠着张璇的10万元，王芬慢慢度过了困境，公司发展得越来越好。后来，张璇想创办公司时，王芬主动要求出资资助，这着实帮了张璇一个大忙。

伊朗有这样一句谚语："战场上识勇敢，激怒中识智慧，穷困中识朋友。"因此，当你周围的朋友、亲人或同事遇到困难，变得落魄时，千万不要看不起他们。相反，你要更加热情地伸出援手，表达同情、理解、安慰、鼓励和实实在在的帮助。要知道，十年河东，十年河西，什么事情都是在不断变化的。今天落难的人，明天可能富甲一方、成就卓越；今天你接纳了落难英雄，明日你才有可能受惠于他们。

人情冷暖，世态炎凉。在你有能力的时候，在你想结交朋友的时候，不妨多与下面七种人联系，隔三差五地把他们拉上你的饭桌，与他们成为关系密切的朋友。如此，你在今后的生活和工作中就会左右逢源，如鱼得水。

第一种人：票务人员。

假如有一天，你的重要客户打电话给你，让你帮他弄一张CBA的球票。你却无能为力，你会不会觉得很尴尬？相反，如果你一个电话，就能轻松帮客户搞定这张球票，你在客户的心目中是不是多了几分好感，下次他与你签单的可能性是不是大增呢？由此可见，把某个神通广大的票务人员拉上你的饭桌，和他成为朋友，是非常有必要的。

第二种人：旅行社人员。

坐同一架飞机，100 位旅客有 100 种不同的机票价格。如果你与旅行社的某些有能耐的人是朋友，900 元的机票你可能只要 400 元，甚至 300 元就买到了。这对于经常坐飞机的人来说，是不是显得非常重要呢？

第三种人：银行人员。

你是否发现，银行在你的生命中越来越重要了。你的投资理财，日常业务办理，都要去银行。如果你银行有熟人，你不用排队，10 分钟就能办理完业务；你资金出了问题时，你知道该把这个电话打给谁。

第四种人：当地公务员、警察。

生活中的很多事情，你几乎都需要当地公务员、警察的帮忙。比如，你的子女上学就业，你买了新车挂牌照，你开公司交税等。如果你和当地公务员、警察是朋友，办事就非常容易了。

第五种人：金融、保险、理财人员。

理财、投资、保险等事情与你的生活密切相关，如果你有相关人员的朋友，你可以通过他们的小道消息和指点，购买最适合你的保单和理财产品，以确保一本万利。这有什么不好吗？

第六种人：维修人员。

作为一个女人，平时生活中，总会出现一些不大不小的困难，比如，你的汽车坏了，你的下水道堵了，你的钥匙丢了，门打不开，等等，这个时候如果你有一位既优秀又诚实的从事维修的朋友，你就可以在最短的时间内以最低的成本处理这些麻烦事。别小看这些小修小补的事情，或许它会让你损失惨重。

第七种人：媒体工作人员。

如果你有几个从事媒体报道工作的朋友，一旦你有新产品上市，你有房子出租转让等事宜，你的媒体朋友就可以帮你传达这个消息。不要担心打广告要费用，因为你的媒体朋友懂得怎么通过“软文”来帮你宣传。要知道，他们可是这方面的高手。

9. 结交“大人物”的四个注意事项

《华尔街日报》曾进行过这样一项调查，该调查主要针对一些年轻的女性求职者而进行。调查显示，95% 的求职者通过人脉关系找到了合适的人才或工作，而且有 78% 的求职者认为，这种寻找人才或寻找工作的方式是最有效的。

国内知名招聘网站“前程无忧”，将熟人介绍列为找工作的第二大法宝。可见对于女人而言，人脉有多么重要。因此，如果你想积累人脉，以便在关键时刻能获得别人的帮助，就必须主动出击。

周敏毕业之后自己在家开了一家广告公司，但是半年之后，生意始终不见起色。她本来想垂头丧气地放弃自己的公司，一天和朋友李伟吃饭的时候谈了一下自己公司，心里的不满情绪一下全部都抛出来了。李伟也是借着酒劲和她说自己除了朋友多，什么能力都没有。听到朋友多这句话，周敏立即想到了一个好的方法。

她将自己的广告创意带给了李伟，希望李伟能够帮忙介绍给他那些具有影响力的朋友。李伟起初还觉得行不通，但是当他有意无意地向那些好朋友说起周敏的广告创意的时候，没想到他的那些有影响的朋友都十分看重，还愿意通过李伟来作为互相熟络的中间人。

这样一来，李伟的生活开始发生了变化，而最大的受益者还是周敏。她的广告创意被那些有影响的大老板放到自己的公司，或者放到知名、生意火爆的饭店，通过这种无形的宣传，很多广告生意都源源不断地找到周敏，周敏的广告公司也迅速地红火了起来。

聪明的女人一定要善于拓展自己的人脉圈，让有影响力的大人物喜欢你，这样你才能成为他的圈内人。在对方的影响下，你定然能获得一种自发向上的动力。就像干涸的稻田遇到了雨天，它会拼命地吸收水分，拼命拔高。

说到拓展自己的人脉圈，老实女人可能又犯难了，怎么才能把自己的人脉圈拓展开来呢？这里介绍四点结交“大人物”的注意事项：

第一，密切关注“大人物”身边的人。

交往必须从了解开始，怎样了解你想了解的人呢？你可以先从他身边的人开始了解。要知道，再大的人物也是普通人，也有社会关系，有各种各样的业务，有五花八门的喜好。有了初步的了解后，你再想办法取得对方家人的信任，例如，他的夫人、父母、孩子等。这样你成功结交对方的可能性就大增了。

第二，与“大人物”碰面，要懂得赞美，懂得收敛。

当你初次与想要结交的人见面时，一定要学会寒暄，学会赞美对方。没有人不喜欢被人赞美，但是赞美要有度，要让别人看不出是刻意的赞美，这样别人才会更好地接受你，对你产生好感。否则，对方一见你就知道你是有目的的，那样对方就可能对你产生不好的印象，不愿意和你打交道。

当你想和某个人结交时，如果他是个“大人物”，那么你可以适当在他面前“露两手”。因为大人物一般都爱才、惜才，如果你的能力得到了他的认可，那么你就很容易赢得对方的好感，继而得到对方的重用和帮助。

第三，在拓展人脉的时候，你应该有一种平易近人的心态。

女人无论在何种场合，都应该表现出自己的亲和力，给人留下良好的印象。你的措辞应该恰当，不可显得自大张狂；你的举动应该得体，不应轻浮浅薄；你应该时刻保持微笑，不要愤懑不平，好像别人欠你钱一样。

换言之，你应该表现出热情、谦虚、文雅、恳切，这样才能给人留下美好而深刻的印象。

同时，女人应该明确一点：不同的朋友、不同类型的人，应区别对待。人们常说："看一个人就看他有一群怎样的朋友。"如果你身边的朋友个个富足，想必你也不会太糟糕；如果你的朋友个个锐意进取，想必你也不会太懒惰；如果你的朋友个个得过且过，想必你也优秀不到哪里去。所以，女人要正确地选择朋友，什么样的朋友可以长期交往，什么样的朋友只是点头之交，什么样的朋友只是吃喝之交，这些你必须心知肚明，并且有所区别地对待。

第四，在结交人脉的时候，不妨侧重于结交行业内的"大人物"。

因为在工作中，你会遇到很多与你业务有关的人。在这些人中，有些人你可能知道名字，有些你可能不知道名字，因为只是一面之缘，说几句有关业务的话，甚至你和他只是点头之交。但是如果你有心，你就能和他们成为朋友。

当然了，更重要的是真正和你有业务往来的人士。比如，你的合作伙伴，你的竞争对手以及你的客户，等等，如果你能和这些人保持良好的关系。那么，你在工作中就会获得更多的机会。除了结交行业内的朋友，你还可以在网上结交朋友。

有这样一个故事：一个开网店的女孩，在一次浏览网页的时候，发现了一篇精彩的文章，读完之后，忍不住发表了评价，对文章大加肯定和赞扬。就这样，一来二去和文章的作者熟悉了。几个月后，他们相约见面，相谈甚欢，慢慢地成了很好的朋友。后来，女孩发现这位网友是一家企业的老板，通过这层关系，女孩得到了这位网友的投资，最后她把网店生意做得非常成功。

从这个故事中，我们可以发现，只要你愿意参与社交，只要你做生活的有心人，通过网络也能认识志同道合、兴趣相投的"大人物"，你的人脉也可以在网上开花结果。

10. 给姐妹的忠告：对朋友你没有必要一视同仁

齐文因为长得漂亮、性格好，乐观大方，所以朋友很多。其中有两个朋友和她关系很好，但是这两个人却是一对冤家，见面时，两个人从来没有给过对方好脸色看。当齐文和其中一个人在一起的时候，就要小心翼翼地不去提到另一个人，否则本来两个人很开心地聊天，马上就晴转多云了。齐文觉得自己夹在中间很难办，但是又想不出让两人和好的办法。

可能在你的生活里，也会遇到这样的事情。因为你个性很好，性格开朗，认识的人多了，朋友自然也就多。但是，朋友多了的时候，你就会发现，其中总会有几个人观点和行事互相抵触，当然他们也不认同对方，甚至会抨击对方。无论你在中间怎么调和，但总是不起作用，当事人有时候也会告诉你，“如果你和这类人在一起，那么咱们就算了。”遇到这样的事情，谁都会焦头烂额。

想过没有，为什么你会因为朋友这样烦恼呢？很简单，你没有把朋友进行“量化”，你也不知道自己应该去交什么样的朋友，什么样的朋友需要“肝胆相照”，什么样的朋友只是“点头之交”。既然这两种人的行事和作风那么不同，他们自然也是两类人，你需要知道的是自己更倾向哪类人，哪类人才算是你的“贵人”。否则，你只能在这两类人中徘徊不定。也许，你想既然是朋友，都应该是“大碗喝酒，大块吃肉”，但是你要知道，对待朋友，你没有必要一视同仁，也不可能做到一视同仁。

著名销售大师乔·吉拉德说，每个人都有250位朋友，他们分别出现在两种场合，其一是你的婚礼，其二是你的丧礼。不过，在这些朋友有80%是对你毫无帮助的，只有20%的朋友才会给你正面的影响，另外有

5% 的朋友则会帮助你，甚至会改变你的一生！而这 5% 的朋友就是你的贵人。

所以，你对朋友们不该一视同仁，你也没有必要因为朋友之间的不同而烦恼，你应该知道自己倾向哪一方，这样你就知道自己应该如何对待不同价值取向的朋友了。想减肥就不要和胖子在一起；想成为成功的人，就不要和无所事事的闲人在一起。你想让自己变成什么样的人，就要努力和这样的人在一起，也只有他们才能帮助你成为这样的人。

关于哪些人值得交朋友，哪些人不值得交朋友，如何给你的朋友划分“等级”，孔子的“益损三友”可以给你一点启示。

孔子说：“益者三友，损者三友。友直，友谅，友多闻，益矣。友便辟，友善柔，友便，损矣。”孔子告诉我们，在朋友中，只有那些心地正直、诚信体谅、见多识广的人才是你的益友，而那些善于奉承、表面和善、花言巧语的人则是你的损友，对你的生活起不到什么积极作用，反而还会让你成为和他们一样的“小人”。孔子还说“无友不如己者”，这告诉我们，交朋友要结交比自己强的朋友，只有这样我们才会在个人修养和事业上有所成长。

所以，从现在开始，年轻的女孩子，你需要把你 80% 的时间，花在可以给你重大影响的朋友身上，而不是去做一些无谓的调停。

第四张牌 要有钱：有财力的女人才能活出优雅

俗话说：“靠山山要倒，靠人人会跑，靠自己最好。”尤其是对女人来说，只有经济上独立了，口袋鼓起来了，你才会获得心理上的安宁，才有资格谈尊严、谈人格、谈人生、谈幸福。所以，从现在开始，比相信男人更相信钱吧，男人的花言巧语只能哄你开心一时，你口袋里的钱却能让你的内心踏实一世。

1. 嫁个有钱人，不如自己变有钱

在这个现实的社会，不少女人幻想嫁给一个有钱人，好让自己下半辈子衣食无忧，不用辛苦工作照样可以有花不完的钱。可是，女人们，你们是否想过这样的问题：你有什么资本赢得有钱男人的青睐呢？你有什么魅力让男人一辈子爱你，并心甘情愿为你掏腰包呢？当然，或许你将来会嫁给有钱人，但是在这之前，请放下你不切实际的幻想，踏实地工作，努力让自己变成有钱人，这比把希望寄托于男人更靠谱。

有位25岁的女孩曾在网上写了这样一篇文章，文章的题目是“我怎样才能嫁给有钱人？”在文中，她自称非常漂亮，谈吐文雅，生活有品位，她想嫁给一个年薪50万美元的男人。女孩说：“或许你会说我贪心，但是现在有很多人年薪上百万美元，因此，我觉得这个要求并不高。”

女孩表示，她是诚心诚意来请教各位网友的，问题如下：

第一个问题：有钱的单身男人一般在哪里消磨时光？请把酒吧、饭店、健身房的名字和详细地址告诉我。

第二个问题：我应该把目标定位在哪个年龄阶段的男人？

第三个问题：有些富豪的妻子相貌平平，毫无吸引人的地方，但她们是怎么嫁入豪门的呢？为什么单身酒吧里的那些美女却无法嫁入豪门？

第四个问题：你们是怎么判断什么样的女孩适合做妻子，什么样的女孩只适合做女朋友？我现在的目标是想结婚，请问你们会选中我吗？

与幻想一夜暴富、一夜成名的人一样，如今幻想嫁入豪门的女人并不少。她们或许长得天生丽质，或许气质迷人，或许谈吐优雅，但是有了这些特质就能吸引有钱人吗？答案是，不一定。如果真的把有钱男人吸引住了，女人们难道不担心男人只是和你“玩玩”吗？试问，这样的男人靠得住吗？所以，还是醒醒吧，不要把自己后半生的幸福寄托在男人身上，否则你就太傻了。

对于上面那位女孩的网络求助，网友是怎么回答的呢？其中有位网友给出了非常犀利的答复，相信你看完之后，一定会有深刻的感触。下面就是这位网友的回帖：

“亲爱的女士，我带着极大的兴趣看完了你的帖子，我相信很多女士和你有类似的疑问。我是一个投资专家，让我以投资专家的身份来分析你的处境。目前我的年薪50万美元，我符合你的择偶标准，所以，我不是在浪费大家的时间。

“如果我把婚姻比作一笔生意——请不要生气，结婚就是一笔生意，是一个大的经营决策。如果我娶你这样的女人，那将是非常糟糕的。为什么呢？抛开细枝末节，娶你就等于是在用我的钱财和你的美貌做交易：你提供迷人的外表给我，我出钱养你。公平交易，童叟无欺。但是，你的美貌会随时间消逝，而我的钱财不会无缘无故减少，事实上，我的年薪每年都会增加。

“因此，从经济学角度来看，我是增值资产，而你是贬值资产。在未来的五年里，你还可以保持窈窕的身材，动人的容貌，但以后呢？你的身材和美貌每年都会退步。你就像一只股票，不能长期持有，因为它未来会贬值。这听起来很残忍吧，所以，明智的人会选择租赁，而不是购入。要知道，年薪超过50万美元的人可不是傻瓜，他们只会跟你交往，但是不会跟你结婚，所以，我劝你不要幻想嫁给有钱人，也不要刻意寻找有钱人。相反，我建议你想办法把自己变成有钱人，这比嫁给有钱男人胜算大得多。”

从这位网友的分析中，你是否发现：原来嫁给有钱人并不是容易的事情，事实上，在我们生活中，又有几个女人能钓到金龟婿呢？真的很少很少，可是，女人不能没有钱，没有钱的女孩就像莫泊桑小说《项链》中的女主人公玛蒂尔德那样，连一件像样的衣服都买不起，更没有像样的珠宝首饰，连参加一个舞会都要厚着脸皮去借项链，以至于酿成了那样的悲剧。试问，你希望过这样的日子吗？

退一步讲，纵然你运气好，嫁给了有钱的男人，但你自己没有钱，没有事业，没有工作，你好意思每次都向男人要钱买这买那吗？可能你会说："这有什么啊？女人本来就应该被男人宠、被男人养，向男人要钱是天经地义的事情。"或许不少女人都有这样的观念，但是这种观念注定会造成婚姻生活的不幸。

孔老夫子曾经说过："君子爱财，取之有道；君子爱财，更应治之有道。"这句话适用于君子，更适用于女人。女人渴望成为有钱人，不外乎嫁给有钱人，或者自己成为有钱人。但聪明的你，还是趁着年轻，趁着这大好的时光去奋斗吧，努力把自己变成有钱人，这才是你一辈子幸福的物质保障。

2. 从现在开始，比相信男人更相信钱吧

钱，对男人很重要，对女人同样重要。《圣经》中说："不要太贫穷，否则会丢了神的脸。"口袋里的自由，决定了女人一生的幸福，也决定了女人脸上的笑容。一个女人，只有在财务上独立了，才算是真正的独立。

也许你会说："我不用有钱，只要我嫁给了有钱人，老公的钱不就是我的钱吗？我要多少钱就有多少钱。"遗憾的是，你老公的钱不等于你的钱，这不意味着你不需要在财务上独立。因为老公毕竟是老公，你是你，你们不是一个人。如果你在金钱上依附老公，那么你的婚姻生活就会存在一定的风险。

茱蒂和很多年轻女孩一样，总想着找一个好的归宿，以为只要找到了好的归宿，就不用担心钱的问题了。后来，她真的如愿以偿，嫁给了一个有钱的男人。

结婚以后，她没有去工作，因为老公对她说："你别去工作了，我养你。"于是茱蒂在家做全职太太，每天小心地伺侯着老公。渐渐地，老公的脾气日渐暴躁，而且她花每一分钱都要向老公要，还要看老公的脸色。最后，她对婚姻严重不满，选择了离开。

回到家里之后，她的父亲却因病猝死。在这万念俱灰之际，茱蒂认清了一个事实：靠男人不如靠自己，无论自己的男人多么有钱，无论自己的父亲多么富有，那都是他们的钱，而不是自己的。

如果没有钱，生活一旦出了意外，女人就会变得很狼狈。在这个现实的社会，"白头偕老"似乎已经成了神话，女人想通过嫁人获得一张长期饭票的成功率越来越低。当婚姻破碎，金钱纠纷就很容易成为矛盾的焦点，而受害的往往是女人。

虽说女人在养家糊口方面的担子比男人轻一些，但是女人需要漂亮的衣服、化妆品、包包，等等。如果自己没有钱，而是找老公要，时间久了，是不是显得很被动呢？作为女人，你是否想过一个问题：如果你在经济上长期依赖男人，一旦有一天发生什么意外，你怎么养活自己呢？

你拿了男人的钱，必定会受制于人。一个女人如果总是伸手拿男人的钱，恐怕也不是什么光彩的事情，那时的爱情、婚姻，恐怕也没多少快乐可言。不信的话就来看一个调查。有位婚姻专家私下做过一个有趣的调查，结果显示：

在现代社会，如果婆婆有两个儿媳妇，即使她不和儿媳妇生活在一起，也往往会更喜欢那个有工作的儿媳妇，而不那么喜欢没工作的儿媳妇。因为她下意识地认为，没有工作的儿媳妇用的是自己儿子的钱，依赖于自己的儿子，是"跑不掉"的。而那个有工作的儿媳妇有自己的独立收入，在家里和她儿子各挑半边天，有时候还买一些礼物慰劳一下婆婆，所以更能讨婆婆的欢心。

这个调查很好地反映了社会现实，它告诉女人：如果你想在家中有地位，在婆婆眼中留下更好的印象，那么就请走出家门，做一位职场女性。如果你想活出美丽的人生，就必须努力做一个经济上独立的人。因为只有在经济上稳固了，你才有胆量、有权力大胆地定义属于自己的幸福人生。

无论你是小家碧玉，还是富家千金，你都必须有钱、有工作，千万不要单纯地以为男人可以养你一辈子。因此，请赶快放下清高，放下“不世俗”的心态，大胆地去追求金钱。要知道，爱情和金钱不是一回事，有爱情固然好，但也必须有金钱，这样女人才能更好命。

3. 有财力的女人才能活出优雅

拥有再多的金钱死了也不会带走，可是，为什么人还想要更多的钱呢？因为金钱不仅能让人获得物质享受，还能让人获得精神上的满足，让人活得更有尊严。所谓尊严，指的是在社会中得到他人的尊重，被周围的人看得起。

要知道，人性的弱点是嫌贫爱富的。当你穿着破旧的衣服去逛高级服装店时，恐怕你得到的除了白眼还是白眼。相反，如果你穿着一身优雅得体的套装，挎着名牌皮包，或许你只需在服务员面前稍微停留一下，就会得到服务员的笑脸相迎和热情接待。所以，对女人而言，要想活得优雅，就必须有财力。

一位法学院的女大学生在北京某个检察院实习期间，与一位检察官产生了一段恋情。后来因为工作原因，两人分手了，但是彼此仍然断断续续地保持着联系。后来，这个女大学生来到上海，在上海一家律师事务所工作，过了一段时间之后，她已经在行业内小有名气了，有车有房，生活无忧。

可是，这位女子一直没有忘记那位检察官。一天，她终于忍不住打电话给那个检察官，恰巧那位检察官在上海开会，于是她迫不及待地去了检察官下榻的宾馆。

赴约之前，该女子为了保持当年的学生模样，特意穿了一身之前的服装，把自己打扮得非常朴实。当她怀着兴奋的心情来到宾馆时，那位检察官见她那身打扮，以为她的经济条件不太好，就问："你现在做什么工作?"女子故意逗他说："我失业了。"

检察官害怕了，以为女子是找他来要钱的，于是对她说："我这次出差没有带多余的钱，恐怕要让你失望了。"女子听了他的话之后，非常生气和失望，原来他把自己看成了那样的女人。她愤怒地忘记了自己的伪装，出门直奔自己的小轿车，这时检察官才意识到自己"有眼无珠"。

这个故事真实地反映了这个现实的社会，它告诉了我们一个道理：钱对女人来说真的很重要，一个女人没有钱，即便是关系亲密的恋人，也可能不把你当回事，不会真正尊重你。

钱对一个女人来说，意味着很多。有了钱，女人才可以体面、有尊严的生活。女人有钱，才不会为了生计而走上歧路，才不会害怕男朋友抛弃自己，才不会自己看不起自己，才不会害怕自己低人一等。当然，这个财富应该是自己奋斗得来的。

当你有了钱之后，你才不会局限于那些习以为常的娱乐休闲项目，你可以选择游山玩水，选择自驾旅游，选择户外探险；你还可以玩玩网球、壁球、高尔夫；你还可以去蹦极、跳伞、漂流；你还可以参加舞会，看演唱会，欣赏音乐会，等等。总之，你可以做你想做的事情，尽情地秀出你自己的个性。

当你有了钱之后，你休闲的时间自然会多起来，你不必整天想着请假一天要扣多少钱，也不用担心水电煤气费是不是超支了，也不用担心哪天不上班生计会出问题。你可以完全自由地选择出行的时间。就像下面这位女客户一样。

一位会计与一个女客户约好一周后为她清理公司账务，但是因为女客户那一周要去马尔代夫度假了，因此，会计只好把时间往后推一周。可是，当会计第二周去去找女客户时，女客户仍然没有回来，直到三周后才回来。会计问："你怎么去了那么久？"女客户说："我在马尔代夫度假，那里天气太好了，我就多待了两周。"

你羡慕这位女客户吗？她想多待两周就可以多待两周。也许你会进而想到自己：我的工作不容许在外多待两周，我外出度假还要请假，还会扣工资，我的时间被老板买去了。其实，大部分职业女性和你一样，大家都难随心所欲地支配自己的时间，这是因为我们不是有钱人，还没有实现财务自由，我们还没有雄厚的财力支持我们享受自由与独立。没钱不要紧，重要的是认清这个问题，从现在开始去努力。

当然，女人要有财力才能获得优雅，并不是要你成为世界首富，也不是非要你自己创业，拥有一份雄厚的事业，而是说你要有自己的一份工作，而且是自己喜欢的工作。这不仅仅是将其当作一项谋生的途径，更是把它当成一份事业，在这份工作中你获得的不仅是金钱，还有实现人生价值的满足感。当你需要什么时，结合自己的经济能力去买吧，那时候你就能体会到生活赋予你的意义了。

4. 通往财务自由的第一步——对钱负责任

每个女孩都希望成为有钱人，要想成为有钱人其实不难，第一步就是对钱负责。怎样才算对钱负责呢？用一句话总结，那就是：该花的钱有计划地花，不该花的钱坚决不花。话虽如此，但是做起来并不容易。

现在很多女孩初入职场，告别了吃父母、喝父母的年龄，开始自给自足。因此，花钱的时候也显得更加有底气。然而，花钱虽然很洒脱、很享受，但是只顾着做月光族，没有长远的眼光，对生活没有规划是不行的。这样永远无法成为有钱人。

如果你想成为有钱人，除了会赚钱之外，还必须学会理财。一个会赚钱却不会理财的人，永远不会成为有钱人。因为赚多少花多少，钱就在自己手中溜一趟，最后还是两手空空。当你需要用大钱的时候，你却拿不出钱来，这样你也很难活得潇洒。无数富有之人的成功经历告诉我们，要想积累财富，提升生活的品质，就必须学会对钱负责。

有个女孩小时候吃惯了“皇粮”，不管什么时候，似乎没有缺过钱，日子过得很滋润。结婚之后，她那大手大脚花钱的习惯依然没有任何收敛，是典型的月光族。碰到多日不见的朋友，她往往宁可自己下个月饿着，也不会亏待朋友。

逛街的时候，看到那些琳琅满目的服装，她总是毫不犹豫地买下。每次购物回来，她总是双手提满衣服。有些衣服买回来之后，她只穿过一两次就搁在衣柜里了。丈夫曾不止一次提醒过她：“不要乱买衣服了，要适度一点，尽量存一些钱吧！”

每次她都会义正言辞地反驳：“我又没花你一分钱，你管不着，再说了，你一个大男人，存钱是你的事情，我花自己赚的钱就行了。”因为这个问题，丈夫没少和她拌嘴，但她从来都是不以为然……

处于风华正茂的好年龄，女人总免不了追求漂亮的衣服、鞋子、包包以及各种各样的首饰，女人爱美，无可厚非；女人花自己的钱，值得尊重。但是，成家的女人作为家庭的一分子，有必要对金钱负责，理智地花钱。

举个例子，如果你的化妆品还没用完，就别急着买新的；如果你的手机还没旧到拿不出手，就别跟风换新款手机，不妨把钱省下来用于理财投资，让它生出更多的钱，等到关键时候再用，这样岂不是更好吗？

女人要想财务自由，就要学会对钱负责，可以从以下三个方面来改变你的消费观念：

第一，要有预算的观念。

很多女人碰到超市搞促销、网店搞活动，就疯狂地购物。花了多少钱自己心里没底，等到买了之后才发现口袋空了，才懊悔钱太不经花，但是并没有反思自己的消费行为。比如，有个女孩在“双十一”（11 月 11 日）这个特殊节日，趁着网店搞活动，居然一口气买了十几万元的东西，气得丈夫要和她离婚。这种盲目消费的行为就是缺乏预算观念的表现。

一个没有预算观念的女人虽然可能买到很多意外的战利品，但是每个月的支出账单上都可能有意想不到的天文数字。而懂得预算的女孩则是有计划地花钱，有节制地花钱，比如，每个月给自己一笔具体的钱用于购买服装，保证不超支，这样才能有效地掌控自己的财务。

第二，追查每一笔支出的来龙去脉。

有个女士说，她以前经常半夜查账。有时候，为了一笔 500 块钱的账，她会花半个小时来核查它的来龙去脉。如果这 500 块钱的支出在支出项上，她就能很清楚地知道钱花到哪里去了。可见，追查每一笔支出的来龙去脉，对掌控财务非常重要。

怎样追查每一笔开支的来龙去脉呢？最好的办法就是做好存折管理，因为大部分人都把钱存在银行，存折上会记载资金的进出。聪明的女人每个星期可以刷一次存折，或在网上银行查看金钱进出的状况，只要 5 分钟，你就能了解自己每笔钱的来往状况，进而提醒自己开源节流。

第三，养成记账的习惯。

对金钱负责的最好办法是养成记账的习惯，把日常生活中的每笔开销都记在账本上。账本上清楚明白地写着“做什么事，花了多少钱，花钱的日期”，为了方便记录和核查，你还可以画出简单的表格。每个星期检查这个账本，反思自己的消费行为中是否有盲目冲动、不合理的消费。然后在接下来的日子里消费时就会注意，从而节省开支。

5. 聪明地消费，拒做“buy 金女”

春暖花开、风和日丽的天气里，女人最爱约上几个朋友逛街，她们走进商场，走进小街，不放过任何一个小店。女人似乎天生就是这样一种动物，没事干的时候就想逛街，想购物，而且经常能在一家店里停留半天，当导购或同伴说“你穿这件衣服真漂亮，这件衣服好像就是为你量身打造的”时，女人就彻底失去了抵抗力，迫不及待地试穿衣服……

逛街回来之后，女人才猛然发现：原来自己并不喜欢这件衣服，因为上周买的衣服还在衣橱里没穿呢！而且刚买的这件颜色，自己不是很喜欢，领口处的褶皱过多，怎么看都不顺眼，此时才心生悔意。

其实，你可以聪明地消费，在决定消费时，首先要考虑自己到底是否需要，买自己需要的东西，这才是明智的选择。很多女人看见好看的东西就买，但买回来之后，这个东西可能自己并不需要，或者说需要程度不高。比如，有的女人见到漂亮的裙子就买回家，可是家里已经有很多裙子了，有些裙子还没穿过；有些女人到景点游玩，见到小玩意儿就买，买回来之后发现对自己并没有多大的用处。这样的花销完全可以省下来，为什么偏要花掉呢？

可是，很多女人并没有察觉到自己的消费无度。那么，到底怎样才能判断自己是不是“buy 金女”呢？你可以从以下几点来审视自己：

（1）你的衣橱里有超过 5 件以上没有穿过或仅穿过一两次的新衣服吗？

（2）你的心情变化很快，每次花钱之后，你的心情会低落吗？

（3）当你走进商场，准备购物时，你的内心会异常兴奋吗？

（4）你把别人的婚礼或某个活动当成购物的借口，而不是着重分享别人的幸福和快乐吗？

（5）你每个月的收入都花完了，几乎分文不剩，甚至债台高筑吗？

如果你的消费行为符合以上几种情况，那么你就有必要提醒自己理智消费了。如果你继续“buy 金”下去，你就会离有钱人越来越远，而且，你的生活会变得非常狼狈。就像下面这个女人一样。

有个女人年薪近百万，但是三年下来，她不但没有任何积蓄，相反却欠了200多万的信用卡债务。她从事的是出口贸易工作，每个月收入8万多元，有时接到一个大单，奖金就有几万块。她觉得赚钱很容易，但上班压力很大，因此，下班之后她就会尽情地购物以犒劳自己，她会买名牌包包、套装及首饰，每次购物就会花掉几万块。但又没有记账，因此，每个月赚8万却花十几万。结果，三年下来，她居然欠债200多万。

男朋友接受不了她大手大脚的消费习惯，觉得跟她在一起未来没有希望，于是提出了分手。结果，31岁的她为了还清欠款，不敢随便换工作，每天上班小心翼翼，生怕表现不好被公司裁掉……

女人在心爱的东西面前往往智商为零，分不清东南西北，也忘了自己的经济承受力，经常花不该花的钱，买不该买的东西。这实在不是什么聪明的举动。一个女人的幸福与她赚钱的能力固然有很大关系，但与她花钱的习惯也有很大的关系。女人会赚钱还要会花钱，要学会少花钱，买好货，以尽量少的钱为自己谋最大的福，这才叫聪明消费。

女人喜欢漂亮的衣服、鞋子、包包等无可厚非，但这不是盲目消费、疯狂购物的理由，不能为了衣服、为了满足自己的虚荣心而将自己的生活费全部搭进去，更不能把孩子的奶粉钱变成自己的化妆品。所以，女人在花钱之前，一定要问自己：这件商品我真的需要吗？这样的价格我真的承受得起吗？买了这件商品之后，我还有足够的钱用于其他用途吗？

事实上，聪明的女人虽然也爱花钱，但是她们花钱有智慧，懂得精打细算，尽可能节省一点。比如，几个姐妹看电影，购票时发现影院规定20人以上的人可按团体票优惠，于是她再等一会儿，凑齐20人之后，然后大家一起去买票，这样就省下了一笔钱。类似聪明的消费，在现实生活中还有很多，你完全可以去挖掘出更多“聪明的消费法”。

6. 让信用卡成为“可持续幸福”的来源

相信很多女人都知道知名歌星黄品源，此人当年凭借一首《你怎么舍得我难过》红遍大江南北。但是后来因为唱片市场萎靡，他没有出片的机会，也没有了收入来源。在两年的时间内，他靠着刷卡度日，贷款近20多万新元，相当于一百多万人民币。

后来，黄品源回忆起这段日子时，说了这样一段话：“我不是花很多钱买名牌或是大鱼大肉的人，只是要供楼及应付家庭的开销。但我真的是两年没工作，一个艺人完全没有工作是很可怕的，那段日子我想过退出，现在总算熬过去了。”

黄品源刷的是什么卡呢？答案是信用卡。近年来，信用卡像雨后春笋般涌现，很多人的口袋中、钱包中都有信用卡，而且信用卡的使用者大多是女性，有些女人甚至有多张信用卡。信用卡的最大好处就是便利性，可以缓解持卡人手头紧张的窘境，持卡人无须带太多现金，就可以轻松进行消费。

众所周知，女人是消费需求最旺盛的群体，信用卡的出现，无疑对女人消费起到了推波助澜的作用。再加上发卡机关的炒作，很多银行都开设了刷卡积分兑奖活动，这无疑又刺激了女人刷卡消费，使很多女人陷入信用卡购物的疯狂噩梦中难以自拔。所以，如果你不清醒地认识信用卡的利弊，不理智地对待刷卡消费行为，那么你的幸福生活将被埋葬。

那怎样才算合理使用信用卡呢？下面几点值得你注意：

第一，卡不在多，一张足矣。

现在申请信用卡的条件越来越开放，要求也越来越低，很多女人的钱包里有一大堆信用卡。但是，信用卡并不是越多越好，如果一张信用卡就能满足你的消费需求，何必要那么多张呢？而且卡多了还会给你造成一种错觉：每张卡都可以刷，貌似自己很有钱，这样就很容易助长你的消费欲望。

还有一点非常重要，因为每一笔信用卡消费，都有还款的期限。你的信用卡太多，你的消费太多，你能否在规定的还款期内及时还钱呢？这是一个大问题，所以，不要满足于一时的消费欲望，等到要还钱时你却没钱，这样你就会变成一个“卡奴”，被信用卡牵着鼻子走，每天要绞尽脑汁还钱。

因此，要想避免成为卡奴，要想避免被信用卡卡住生活，就必须减少没必要的信用卡，这样可以减少你胡乱消费的概率，也可以提高你理财记账的效率，使你集中管理每笔支出，这是有效理财的第一步。

第二，刷卡消费，量入为出。

刷卡消费要结合自己的实际情况，要根据你的收入情况来确定。比如，你的月收入是4000元，日常生活开支1500元，固定存下1000元，还剩1500元可供自由支配。在这种情况下，你每个月的刷卡最高额度应控制在1500元，不得超过1500元，否则你还款就有压力了。在1500元之内，你可以随便刷卡，只要在规定的还款日之内把钱还了就行。总之，刷卡的原则是量入为出，不能盲目乱刷。

第三，保留刷卡签单。

刷卡很潇洒，但刷卡之后别忘了保留那张签单，而且每个月记得核对当月的账单。这样有两个好处，一是你可以知道每个月的刷卡消费情况，二是账单上每一笔让你“心痛”的消费都能提醒你理性消费。

第四，任何情况下都不要取现。

记住，从信用卡上取现是要付手续费的，即便你把取出来的钱再存到信用卡上，也需要收费。要知道，信用卡不是存折，提现对你没有好处。每次提现都会支付手续费，你可千万不要在乎那点儿手续费，积少成多，就是一笔很大的开支。而且你可以把手续费和提现金额对照一下，你就会发现这个手续费的比率很高，保证你会“心痛”。

第五，到还款日才还款。

信用卡是银行无偿借钱给你花一段时间，你在规定的期限内还钱就行。因此，这是一个非常好的工具，不用白不用。不过，使用信用卡时，一定要到最后的还款日再还钱，因为你的钱在自己的账户里是有利息的，早给银行一天，你就少一天的利息。不要小看这些利息，要知道我们都是小老百姓，锱铢必较是有必要的。

另外，如果还款日那天，你有事无法及时还款，你可以拨打银行的信用卡客服热线，把你无法还款的原因说明一下，要求延缓一两天，一般来说都是可以的。但是要诚实，说好延缓一两天，一定要在一两天内还钱。因为信用卡就是“诚信”的，你诚实才有资格使用它。

第六，重视积分兑奖活动。

信用卡越来越多，银行之间的竞争越来越激烈。办卡时一般都有小礼物，有的礼物还相当不错。另外，每使用信用卡消费一次，都会获得一些积分，这些积分累积起来，可以参与银行定期或不定期举办的兑奖活动、折扣活动。这些你可以打听清楚，不要错过这些活动，虽然没什么大不了的，但积累起来也可以为你省下不少钱。

7. 女人们，请在家里牢牢掌控“财政大权”

有些女人说，男人就是女人天生的钱包，女人只要走在前面，男人就会跟在后头埋单，毫不犹豫地为女人刷卡，还卡贷。也许你能遇到这样的男人，但记住了，他也只是在结婚之前这样对你，结婚之后，他可能来一个一百八十度的大转弯，让你一时无法接受。还有人说，某某老公很有钱，脸上满是羡慕。总之，钱是女人关心的话题，可是男人有钱不代表会给女人花，也不代表会让女人管钱。这个时候，你该怎么办呢？难道你放心让他管钱，你需要钱的时候接受他的赐予？

“丈夫今年45岁，我比她小10岁，我们结婚10年，女儿已经7岁了。这一切原本让我感到知足，可是，我的丈夫在外面有了情人，而且要和我离婚，无情地抛弃这个家，抛弃我……我真的快疯掉了，我不知道怎样面对这个残酷的现实。”蔡女士说。

蔡女士为什么快崩溃了呢？其实，她惧怕的不是离婚，而是因为在婚姻期间，她没有控制好财政大权，手里根本没有存款。现在丈夫要离婚，她离婚之后怎样维持度日，她心里非常没底。

原来，蔡女士结婚之后，就辞去了工作在家照顾孩子，操持家务。丈夫是做生意的，他说做生意需要资金周转，因此，不肯把存款交给她保管，只是每个月给她2000元，以此维持家用。她当时觉得他说得也在理，就没有做什么争取。

后来，蔡女士的丈夫在做生意的过程中认识了一个20多岁的小姑娘，然后两人就在外面同居了。从此以后，他很少回家。蔡女士发现这件事后，丈夫也承认了。蔡女士不想离婚，就一忍再忍。但是没想到，有一天丈夫居然提出离婚……

女人要想活出美丽，就应该经济独立，如果做不到经济独立，比如，在家做家庭主妇，或收入微薄，经济不能完全独立，也应该想办法掌控家里的“财政大权”。如果这也做不到，只是做一个依附男人这棵大树的小鸟，那么当有一天，男人无情地抛弃你时，你失去的不仅是一个男人，更是失去了一个从容洒脱的生活。

当然，我们并不是否定天底下所有的男人会那么绝情，只是提醒女人要有忧患意识，要防止蔡女士那种情况发生。除此之外，女人掌控家里的财政大权还有如下几个理由。如果你的丈夫不肯让出财政大权，你可以用下面几个理由说服他：

理由1：管钱是持家必需。

从古至今，中国都有“男主外女主内”之说。外，就是在外打拼赚钱，内，就是操持家务，管理家庭日常开支。虽说在现代的婚姻关系中，女人不只要承担操持家务的担子，还要工作，但这改变不了女人掌控财政大权的必要性，这样才便于女人持家。

想一想，家里柴米油盐酱醋茶等日常花销，都需要金钱。女人如果没有财政大权，买一包盐也要向男人要钱，买一棵大白菜也要向男人要钱，估计10个男人会有11个被烦死。再说了，女人在外面忙碌着赚钱，压力已经够大了，如果女人经常因为这些小开支去“烦”男人，男人还有什么动力全身心地去工作？所以说，女人管钱是持家的必需。

理由2：女人通常比男人更会精打细算。

关于这一点，我们首先要把一些拜金女、花钱大手大脚的女人排除在外。大多数女人比男人更善于精打细算，这是公认的。看看生活中，我们经常能看到女人在菜市场和菜农讨价还价，在商店和销售员讨价还价，在超市买东西时，选择打折商品，而男人呢？他不屑于这样做，也觉得脸上无光，当然，男人也没这么多闲工夫去讨价还价。所以，单从购物方面，女人就比男人会省钱。所以，让女人管钱有什么不可以的呢？

理由3：女人管钱可“聚财”。

关于这个理由，它主要针对那些大手大脚花钱的男人。这种男人出手阔绰，喜欢在朋友面前争面子，吃饭的时候争着埋单，这样往往很快就把钱花掉了。我们不反对适当地请客吃饭、争着埋单，但是如果不懂得节制，做得太过了，就不是有面子了，而是傻。如果女人掌控财政大权，男人身上的钱有限，他们就没法充阔绰。这样一来，就避免了钱财平白无故地流失，这是聚财的重要举措。

理由4：在一定程度上可以预防男人花天酒地。

都说男人有钱就会变坏，因此，女人若能掌控家里的财政大权，让男人手里没有那么多钱，那么就等于在上游切断了男人“变坏”的条件。试想，男人手里没钱，怎么在外面吸引女人？

理由5：有利于平衡夫妻间的平等地位。

中国的男人大多数都有一种大男子主义的思想，认为自己是一家之主，认为这个家必须由自己来管，其中最重要的就是掌管财政大权。在这样的婚姻家庭中，女人永远处于弱势地位，永远比男人矮一截，这是一种失衡的夫妻关系，对婚姻的幸福和长远的和谐是非常不利的。如果让男人把财政大权交给女人，男人可以省心省力，可以一门心思地赚钱；女人在家中可以找到做主人的感觉，可以充分发挥自己的能动性，把家操持得井井有条。

值得注意的是，女人把家里的财政大权控制在手里，有一个大前提是女人必须花钱有计划，懂得节俭理财。如果这个前提不满足，那么男人绝对不放心把财政大权交给女人，纵然女人掌控了财政大权，家也会永无宁日。试想一下，一个花钱没有算计，想买什么就买什么的女人，有了财政大权之后，如果不加节制地将这笔来之不易的血汗钱“挥霍”掉，男人能忍受吗？

所以，女人掌握家庭财政大权之后，一定要善于管理这笔钱，下面几个原则值得借鉴：

原则1：以家庭幸福为目的，而不是以存折金额为标准。

女人管钱是为了家庭生活不受制于金钱，充分享受金钱带来的自由，而不是单纯地为了攒钱，变成一个守财奴。

原则2：以心中有数为度，而不能锱铢必较。

女人有了财政大权之后，对于男人的那些小私房钱，女人不妨适度睁一只眼闭一只眼，没必要全部搜刮过来，否则，男人会觉得很委屈、很不满，这也不利于夫妻感情的发展。

原则3：用钱以共同商量为主，切勿自作主张。

这里的“用钱”是指涉及家庭的较大开支，比如，朋友家办喜事，要送礼，送多少钱，夫妻间做个口头商量；家里准备买空调，买什么价位的，夫妻应该交流一番，这样能显示出对另一半的尊重。如果女人总是背着男人自作主张，让男人情以何堪？

总之，现代社会，女人在家中掌握“财政大权”是十分有必要的，但要做得恰到好处，既要限制男人乱花钱，也不要把男人“管”得太死，最重要的是要把自己打造成一个家庭理财能手。

8. 聪明女人会投资——钱生钱才能赚大钱

女孩都想当有钱人，可是你想过：有钱人在富有之前是怎样对待金钱的吗？会赚钱的人绝对不会把钱放在家里，因为那样的话，100 元永远是 100 元，而且随着通货膨胀的加剧，100 元放在那里还会贬值。所以，把钱放在家里是愚蠢的。那么，怎样才能让钱生钱呢？

所谓“以钱生钱，以利滚利”，其实就是我们常说的理财投资。理财投资是一种能力，每个平凡的女人都应该去了解和学习运用。俗话说“你不理财，财不理你”，人与财是要互动的。女孩要想变成有钱人，就应该掌握与财互动的本领，学好投资理财这门课，如此你的“富人梦”才有可能成真。

说到这里，有些女人可能要翻白眼了，说：“我这么穷，一个月才赚一千多块，就算省吃俭用，也要花掉九百块，我怎么理财啊？”其实，理财的关键不在于钱多钱少，不是说你有几百万了才可以理财，你只有几百块却无法理财。这完全是个错误的观念，相反，你钱越少就越要理财。

一般来说，刚步入职场的女性收入有限，你可以计划每月存下几百块钱，利用银行零存整取、综合存款等存款方式，先把小钱攒成“大钱”，再利用这笔“大钱”去投资。如果你不想承担投资的风险，只想稳稳地赚钱，那就把钱放在银行存定期吧。这种理财方式的风险最小，收益也不高，但是只要你坚持，时间久了那也是一笔可观的财富。

当然，理财投资的方式有很多，女孩如果不想仅满足于把钱存入银行，那么就看看下面几种理财投资方式吧。

方式1：银行储蓄。

银行储蓄是最安全可靠、最灵活方便的理财投资方式，除了定期储蓄和活期储蓄，银行还推出了不少衍生产品，比如，通知存款、约定转存等，这些都是不错的储蓄理财产品。只要你的方法得当，储蓄也可以让你的钱生钱。

打个比方，你存3万元，可以把1万元存1年定期，把1万元存2年定期，把1万元存3年定期。一年之后，用到期的1万元再开设一个为期3年的定期存单；再过一年，把那个2万元的到期存款开设为3年的定期存单，以此类推下去。3年之后，你就有三张到期日相差一年的3年的定期存单。这种储蓄方式既能应对储蓄利率的调整，又可以获得更高的3年定期存款利息。如果遇到突发事件需要用钱，可以取出一份定期存款，这样不至于损失太多的利息。

方式2：购买基金。

有人说，基金是最稳定的投资方式。很多基金公司与银行开展合作，你去银行就可以开通基金账户，每个月存入约定的金额到银行账户，这笔资金会在存入当天自动转换成一定的基金份额。这种基金申购一般每月最低投资金额100元到1000元不等，不设最高金额上限，因此，对于初入职场的女性或余钱不多的女人来说，可以考虑每月节省几百块钱购买小额申购。如果基金市场状况良好，那么一年累计下来，你将获得一笔不小的收益。

方式3：购买万能险。

万能险是介于分红险与投连险之间的一种投资型寿险。这种投资方式的价值计算有一个最低的保证利率，目前的保底收益在2.5%左右。除保本收益外，万能险每个月还能获得结算利率。目前的结算利率普遍比一年的定期存款利率高，有的甚至超过5年期存款利率。

方式4：购买国债。

投资国债被认为是最安全的投资工具。我国的国债分为凭证式国债、记账式国债和电子储蓄国债。其中，第一种国债和第三种国债不能上市流通，没有信用风险和价格波动的风险，其利率也比同期储蓄存款利率高。另外，国债免缴利息税，而银行存款要缴纳5%的利息税。而记账式国债是上市交易的，可以随时买卖，收益相对较高，但是保本功能随之下降，有一定的风险。

方式5：投资股票。

股票是风险最大的一种投资方式，但它的收益也是最高的，正所谓“收益与风险成正比”。投资股票考验的不但是一个人的智慧、运用信息的能力，更是对一个人心理素质的考验，其中的深奥哲学不是三言两语能讲清楚的，但奉劝女人一句：投资股票要保持平常心，不要抱着“一定要赚钱”的想法投资股票。

总而言之，女人在选择这些理财投资方式时，一定要认清自己，要以自己的需求为出发点，不要盲目听信别人。要知道，每个人的经济能力及风险承担能力都是不同的，因此对应的投资策略也不相同，但只要掌握了基本的投资规律和法则，选择适合自己的投资方式，你就能稳稳地赚钱。

9. 先把自己的养老生活搞定，你的人生就有大自由

养儿防老，这种养老方式在中国流传了几千年。可是，怎样才能有儿女呢？当然是结婚。换言之，如果女人没有婚姻的保障，晚年堪忧。然而

在当今社会，其实结婚与不结婚，女人都应该做好养老规划，未雨绸缪，从现在开始为养老做好准备。

也许你会说："我才 20 多岁，现在就做养老规划，也太杞人忧天了吧!"为什么要这么做呢？因为结婚、生子并不能打包票有人陪你到老，做一个坏的假设：假如儿女不孝或儿女没能力供养自己，假如你的丈夫先你多年而去，你的晚年生活怎么度过呢？再说了，你现在做好养老规划，当你退休之后，你就会给子女减轻很多负担，你的生活就会有更多的保障，这样你就会生活得更加从容淡定。

27 岁的黄女士有一个美满幸福的家庭，女儿 4 岁，活泼可爱，丈夫是一家世界 500 强公司的 IT 软件设计师，她自己则任职于国内一家上市金融公司，担任财务会计一职。夫妻二人每年净收入为 20 万元，目前已有存款 50 万元，股市还有 10 万元。

与很多家庭相比，这些存款足以让他们充满安全感地生活，但是近年来，在单位的体检中，黄女士的不少同事查出了妇科疾病，有些甚至是恶性肿瘤。虽然她没有这些疾病，但她还是有些担忧。

考虑到自己只有一个女儿，从长远来看，为了减轻女儿的赡养负担，黄女士和丈夫商量一下，购买了一款专门针对女性重大疾病的保险产品，为自己的幸福生活增加一分保障，增加一份安心。

生活就像驾船在茫茫的大海上航行，谁也说不准前方会有什么，也许暗礁就在不远处。因此，女人应时刻保持危机感，做到未雨绸缪。因为如果准备不足，一旦风险降临了，原本美好的生活也会突然变得支离破碎。所以，要想你的人生有大自由，你不仅要在保险保障方面进行适当投入，还应该在未来养老方面做好规划。

女人们，不要总是认为结婚才能给自己保障，不要总是认为男人才能给自己保障，也不要认为只有子女才能给自己退休生活提供保障。要永远记住一句话"求人不如求己"，与其把对生活的美好期盼寄托在别人身上，不如从现在开始，用实际行动规划退休以后的生活。尤其在目前这个社会，单身族数量不断上升，独身主义者也不少见，做好退休生活的规划真的非常有必要。

2005 年，大学毕业后，尹女士进入某房地产公司工作。三年后，她成了该公司的销售部经理。目前月收入 1 万元左右，租住在一居室的房子内，每月租金 1300 元，公司给她的保障是三险一金。在工作方面，尹女士可谓顺风顺水，但在情感方面，她却屡屡受挫，在经历几段无果的感情后，她开始信奉独身主义。

原本尹女士是个大手大脚花钱的女人，但自从决定独身之后，她开始对退休后的养老生活有所顾虑。她认为现在如果不做好规划，等到老去时，可能真的无依无靠，没有保障了。于是，她改正了以前大手大脚花钱的坏习惯，开始了解投资方面的信息。

后来，尹女士陆续购买了五只基金，全都是股票型基金，投资总额为 10 万元，收益还不错。除去这些投资，她手里的流动性资产并不多。由于老家还有 60 岁的母亲，她没有工作，也没有购买任何保险，因此，尹女士给父母预留一笔养老钱，每个月给母亲寄回去 1500 元。除去这些开销，剩下的钱基本上被她存起来了。

到了 2012 年，尹女士利用攒下的钱和基金所赚的钱，在老家购买了一套房子和一家店铺，她觉得有房子心里才有安定感，有个店铺，以后可以回家做生意，这样退休生活就有着落了。

美好的未来就在眼前，关键要看你如何聪明地存钱，聪明地投资，更充实地生活，最终达到自己的退休目标。无论你的收入有多少，你都可以从以下三个方面来进行退休后的生活规划。

（1）更聪明地存钱。

无论你会不会赚钱，你都必须养成存钱的习惯。关于这一点，说起来容易做起来难。很多女人赚 3000 元，恨不得花 4000 元，她们把钱花在服装、化妆品、包包、鞋子上，花在旅游度假上，却没有为未来的生活做准备。这是很不明智的。明智的做法是，每个月最好固定存下一笔钱，这样长期积累下去，就是一笔可观的财富了。

（2）更聪明地投资。

什么样的投资才是聪明的呢？有些女人把钱投资在车子上，可是从买下车子的那天起，车子就在不停地贬值；有些女人把钱投资在自己的着装打扮上，想将自己美丽的容颜保持下去，可是容颜已逝，这是挡不住的；还有女人把钱投资在旅游上，可是旅游一圈之后，钱就没了……在这些方面的投资如果过分了，就显得不明智了。明智的投资是投资房产，投资自己的学识，不断提高自己的才能，使自己赚更多的财富；投资在自己的健康上，让自己保持健康的身心，更好地享受生活。

（3）更聪明地生活。

很多人都期待退休之后惬意地生活，可是退休生活真能惬意吗？这取决于现在，如果你现在生活就不快乐，你把快乐寄托在未来又有什么意义呢？女人，你应该活在今天，珍惜今天的生活，不断地去发现生活中的快乐，让你的每一天都快乐，而不要为了规划退休后的生活，而让自己忍受捉襟见肘的当下生活。

10. 准备好三大资产，才能一辈子不缺钱

人们常说：“身体健康，平安幸福，就是自己最大的福气。”但事实上，在身体健康的前提下，摆在我们眼前的，还有五花八门的花销，还有子女昂贵的教育费用、房贷、车贷，还有每天的开销，这些足以让我们感到压力重重。那么，怎样才能保证一辈子不缺钱花呢？为此，我们需要做哪些准备呢？

著名理财规划师刘彦斌曾说过，人这一辈子要准备好三大资产，才能

保证一辈子不缺钱，如果列一个方程式，那便是“保障资产 + 退休资产 + 投资资产 = 幸福”。

保障资产是指我们努力工作换来的固定收入，从这笔收入中拿出一部分预防不幸事件降临到自己的头上，比如，家人或自己得了重病，或遭遇意外事故等。要知道，这类事件必然会造成大额支出，如果没有这笔保障金，要想东山再起，就非常难了。这笔保障资金也就是人们常说的保险，当负面事件发生时，保险可以带我们走出困境。趁年轻、身体健康时，把收入的5% ~8% 作为保障资产，可以较好地应付突发情况。

有了保障资产后，女人还必须考虑退休资产。因为就算你有养老金，你也不能完全指望它，你必须通过追加养老金或储蓄来筹集退休资金。退休金是很重要的资产，不能把它与别的资金混在一起，更重要的是，你要从现在开始，准备退休资产。一般来说，要把月收入的15% 作为退休资产。

第三大资产是投资资产，这笔资产包括一家人住的房子，子女的教育费用、结婚费用，剩余资金等。很多人认为自己的全部资产都是投资资产，但实际上，投资资产指的是那些没有债务关系的可动用资产。如果你的房子是向银行贷款买的，你每个月还要还房贷，那么你的房子就不能成为投资资产。

只要准备好这三大资产，这一辈子就不会遇到经济上的难题。如果发生意外或得了大病，保障资产可以保护你的家人；如果退休后失去了固定收入，退休资产和投资资产就能保护你本人。

为了获得这三大资产，女人有必要从以下三个方面来努力：

第一，做好本职，蓄势待发。

每个女人都要认清自己，既不可高估自己，也不能贬低自己。要对自己的优势和特长进行合理的分析评估，找到与自己特长相关的工作，在本职工作中提升自己、锤炼自己，让自己有能力随时迎接可能降临的发财机会。要相信，只要你用心工作，总有一天，你会在自己的工作上获得成就。

现在很多女人“高不成、低不就”，“吃着碗里，看着锅里”，频繁地换工作，忙忙碌碌，到头来却一事无成，一辈子不会与富有沾边。这种情况每个女人都要避免。

第二，盘活资源，合理分流。

每个女人都知道只有让钱生钱，才能快速走上发财致富的道路。可是作为工薪一族，女人手里的钞票毕竟是有限的，如何才能让钱生钱呢？有些人把多年的积蓄投入到股市，想着在股市大捞一把，可是股市的变化太快，还没等她们回味过来，她们的资金就少了一大半。

其实，投资股市并没有什么错，错的是把所有的鸡蛋放进了一个篮子，错的是有一颗渴望暴富的心，错的是发财致富太急于求成。正确的做法应该是，合理地支配手中的投资资金，在安排好家庭保险、孩子教育经费、意外资金之后，把剩下的资金用于投资。这样才能从容面对投资风险。当你赚了时，不会贪念更多；当你赔了时，你可以耐心等待股市回暖。相信在你的从长计议下，你的“钱途”会一片光明。

第三，利用强项，创造财富。

每个人都有自己擅长的地方，女人要对自己的学识、爱好、优势等进行认真的分析，然后制定出淘金计划。如果只是盲目跟风，那么十有八九会失败，甚至可能血本无归。从自己身上挖掘宝藏才是最靠谱的。

小楠是一家杂志社的美术编辑，主要负责杂志的封面设计、内文的排版等工作。一次，一位朋友创办工作室，请她帮忙设计几张宣传单。当她设计完之后，朋友给了她 500 元的酬金。当时她灵机一动，马上想到利用自己的专业能力赚点外快。

从那以后，小楠开始联络以前的同学，让他们帮忙介绍相关的设计工作。由于她的很多大学同学都是干这行的，也了解小楠的水平，因此，大家就把平时做不完的活或做不好的活给她做。一张彩色的平面设计图样大约400元，小楠只要两个晚上就能搞定。

那年国庆节前期，有个当公务员的同学请小楠为单位做了一本100多页的画册。小楠花了一个月的时间，赚到了8000元。就这样，小楠在空余时间利用兼职赚了不少钱。

每个人都有自己的一个储钱罐，里面存储着你某方面的经验或才能，只要你充分利用这个储钱罐里的强项，努力把它做大做强，你就可以和财神爷拥抱。当你和财神爷拥抱之后，你就可以充分准备好三大资产，让你的一生不缺钱。

第五张牌 会处世：女人会做事，不如会来事

"会做事"与"会来事"虽然只有一字之差，但却关系着两种截然不同的命运。一个聪明的女人，必定是"会来事"的高手。她知道什么时候该退让，什么时候该表现。既不锋芒毕露，又不泯然众人；既不字字虚言，又不全抛一片心。她会利用社会上现实存在的人之常情，在最不利的情势下，达到最圆满的效果。

1. 世态炎凉，做女人不要太老实

古人说得好："人善被人欺，马善被人骑。"在这个年代，"老实"一词很难说是褒义词，当别人说你老实时，表面上是夸你踏实肯干，实际上无异于骂你是个"大笨蛋"。因为事情都是你做的，好处却是别人的。原本有个机会，因为你老实，你却没勇气抓住；原本是你的功劳，因为你老实，你不敢却争取。就这样，你任劳任怨地干、一忍再忍，傻傻地以为你的付出别人看得见，天真地以为好人有好报，可结果呢？

在工作中，李娜不爱计较，不爱张扬，主管分配的工作她都会默默地去做。就算明知道主管安排工作不合理，就算自己忙不过来，她也笑呵呵地接受。如果李娜工作做得好，主管会在老板面前说那是她的功劳；如果李娜没做好，老板追究责任，主管就会把责任推到李娜身上。李娜为此吃过不少亏，但每次都打掉牙往肚里吞。为什么呢？因为她老实，觉得主管平时对自己有一些小恩小惠，比如，给她一些茶叶、几支口红，夸她工作踏实，等等。

不过，李娜也有感到不爽的时候，尤其是看不惯公司有些人偷懒，不把心思放在工作上，而是经常溜须拍马。李娜不会这么做，她经常喜怒形于色，除了埋头苦干之外，还是埋头苦干。为此，她老公没少抱怨，但是李娜总是说："付出总有回报，总有一天会得到重用。"

老实的李娜踏踏实实地干活，最后却吃了哑巴亏。这年头，如果你还单纯地以为付出就有回报，于是默默无闻地工作，那你就大错特错了。案

例之中，李娜被老板忽悠了，作为现实中的你，是否该引起警惕呢？要知道，老实人吃亏，老实女人就更吃亏了，而且有时候亏的不只是金钱，还可能是最宝贵的青春年华和一辈子的幸福。

海涵在北京工作时，结交了男朋友，并同居在一起。两人就这样同居，男朋友从不提结婚的事情，他总是对海涵说："我要多赚些钱，等我有钱了再结婚，你就不用受苦受累了，到时候你就在家带孩子。"后来，男朋友的钱包鼓了，但对她也渐渐冷淡了。海涵发现男朋友经常夜不归宿，经过暗中了解，她发现男朋友和另外几个女人有染，甚至还和另一个女人在外面同居了很久。

这还了得？海涵非常气愤，找到那个女的，大骂她是不要脸的小三。那个女的却理直气壮地说："找我干什么，你看不住老公，你老公爱和我过，关你什么事？"

听了这话，海涵又气愤地骂男朋友："你真没良心啊，明明和我生活，为什么还在外面鬼混？"没想到男朋友居然说："我又没有和你结婚，我凭什么不能有新的女朋友，你管得着吗？"

海涵听了这话，心都碎了。就这样，她和男朋友分手了，但是这时她发现自己怀孕了……

做老实人实在没有什么不好，但是作为女人，如果太过天真单纯，轻易相信男人的花言巧语，相信男人的承诺会兑现，那就太傻了。海涵就是典型的倒霉女人，生活中，这样的女人并不少。为什么她们会吃亏上当，落得个狼狈下场呢？原因就是她们太老实，太单纯，没有心机，没有防人之心，轻易地把自己交给男人。

当然，老实的女人吃亏不仅局限于爱情婚姻方面，在人际交往、职场工作等方面，一样会吃亏上当。比如，胆小怕事，安分守己，别人得罪了自己，也不敢反抗；对于别人的一点小恩惠，都会记在心里。这种人在单位里往往是最好的被欺压对象。

老实的女人在群体中不受重视，没有什么影响力，也很难出类拔萃；老实的女人有机会没有勇气去把握，有能力却不敢表现，有功劳却不敢争取；老实的女人不懂得运用技巧和手腕，在处理人际关系上不够圆融，不容易成为一个受人欢迎的人；在利益分配方面，老实的女人往往处于任人宰割的地位，别人吃肉她喝汤，甚至连汤都没得喝。

老实的女人吃亏之后，往往会用“吃亏是福”来安慰自己。如此循环往复，永远难有出头之日。总而言之，老实人吃亏，老实女人更吃亏。如果你不想成为永远吃亏、被耍、上当的女人，那就从这一刻开始和“老实”说“bye bye”（再见）吧！

2. 逢人就掏心窝子是一种幼稚病

小孩子说错了话，大人会说他们“童言无忌”，不会跟他们计较。因为毕竟是孩子，不懂事、不懂规矩，说话不经过大脑，想到什么就说什么。但是，如果一个成年女人经常信口开河，随便乱说话，人们就不会用“童言无忌”来为她开脱了，更不会用“单纯”来褒奖她，而是会说她没素质、没礼貌、没教养，并且大家都不会喜欢她。

李庭是某机关的办事员，她就是个典型的“乱说话”的人。她总是说些让人反感的话，完全不顾别人的感受。有一次，部门里有个女同事穿了一件新衣服，别人都说她的衣服漂亮，夸她那件衣服适合她。可是李庭却说：“你的身材太胖了，不适合穿这样的衣服。”甚至还说：“这件衣服的颜色有点鲜艳，不适合你这个年纪的人穿。”

这话一出口，刚才还兴致勃勃的女同事马上黑脸了，其他同事也感到尴尬。因为李庭的话有一部分是事实，这个女同事的身材确实有点儿胖。

但是她当众说女同事的缺点，就意味着否定了大家的评价。因此，大家都觉得李庭很扫兴。

尽管有时候李庭为自己说过的无心之话感到后悔，但很多时候，她仍然习惯于说那些大实话、别人不爱听的话。久而久之，同事们都不喜欢她，部门里几乎没人主动搭理她，无形之中，她被大家孤立了。

实话、真话、直话，虽然称不上错，但是说得别人不开心，引起别人的反感，就是一种错。女人太单纯，天真地以为可以童言无忌，说话不经过大脑思考，这是一件大煞风景的事情。聪明的女人在说话的时候，懂得考虑别人的心理感受，用别人喜欢的方式说话，说别人爱听的话，从而能够更融洽地与人相处。

俗话说："饭可以随便吃，话不能随便说。"女人要学会聪明地说话，要明白什么话该说，什么话不该说，这不但有助于维护人际关系，更是一种自我保护。尤其是人在职场，处处勾心斗角，如果一不小心说错了话，就可能成为别人的"眼中钉"，甚至会丢掉饭碗。

赵先生的妻子在一家私营企业上班。有一段时间，她感觉工作压力挺大，每天下班回来就喊累，说不想上班，想在家里做全职太太。赵先生安慰妻子，说找熟人帮她换个单位。没想到两个星期后，妻子被公司辞退了。原来，妻子听赵先生说帮她换单位，第二天就去公司跟同事"吹"了起来。后来这件事传到老板耳朵里，所以，老板干脆把她辞掉了。

其实，赵先生的妻子在那家公司已经干了 5 年，老板对她还不错，一直让她做办公室文员。如果她珍惜这份工作，估计老板不会辞退她。当她向赵先生抱怨自己的老板时，赵先生跟她分析了这件事的前因后果，让她意识到错完全在自己——不该随便把换工作的事情告诉同事。

说出去的话，就像泼出去的水，再也收不回。所以，女人说话的时候一定要小心，要先三思，不要信口开河，随便乱说，否则会让自己很狼狈。

为了建立良好的人际关系，一般来说，不能随便说这样几类话：

第一类：揭人短的话。

每个人都有自己的不足，也有自己的优点。说话的一个重要原则就是要避免揭人伤疤，伤人自尊。聪明的做法是，多说别人得意的事情，夸奖别人的优点，这样别人才会对你产生好感，才愿意和你交朋友。

第二类：带有嘲讽味道的话。

有这样一个故事：

小菲回老家，在路上碰到一个三年没见的高中同学，于是她就问同学的境况。在得知同学还在上高三补习班时，她马上抬高八度的音量，冷嘲热讽道："你还在读书啊？不是吧？你难道真要'活到老，学到老啊'？都多大了？咱们同学有的都工作了。"她这话一出口，马上引来了路人的回头率，而她那位同学尴尬得脸都红了……

小菲的话虽然是实话，但话中难免有一些嘲讽的味道，这让老同学很伤自尊。因此，在说话的时候，要注意说话的语音、语调，尽可能不要带有嘲讽的味道，否则，必定会引起别人的不快。

第三类：容易引起别人误解的话。

俗话说："说者无心，听者有意。"你不经意间说的一句话，可能会被别人误解，从而得罪别人，甚至造成不良的反应。同样一句话，有的人听了，可能一笑置之，而敏感的人听了，则会觉得自尊心受到了伤害。因此，说话尽量要避免歧义，避免引起别人的误解。如果你发现别人误解了你的意思，应该马上做出解释，向别人表达歉意。

第四类：大家忌讳的话。

在人际交往中，有些话是大家忌讳的，这些话就是我们所说的"潜规则"。比如，别人的隐私，别人的薪资，别人的感情生活，别人的年龄，等等，这些话是不宜随便追问的，否则只会自讨没趣，还会引起别人的不快，以至于影响你的人际关系。

3. 该装傻时就装傻，该聪明时绝不含糊

美国石油大王约翰·洛克菲勒曾给儿子写过很多信，信中教了儿子很多做生意的技巧，还有很多做人的学问，其中有一封信的主题是“装傻也是一门学问”。他的意思是该装傻的时候要装傻，这就是我们常说的“难得糊涂”。

装傻是一门学问，也是一种技巧。它不是要人刻意作假，而是指为了某种需要适时地做出装傻之举，让别人看不透你的内心想法，从而避免得罪人，影响自己的人际关系，给自己带来不必要的麻烦。老实女人心直口快，说话不绕弯子，不说假话，很容易得罪人，因此，一定要学会该装傻时就装傻。看看下面的故事，你就知道装傻的意义何在了。

商代末期，纣王夜夜笙歌、日日沉醉，喝酒喝得忘记了当时是什么日子。他问左右的侍从，侍从们都说不知道。他又派使者去问箕子，箕子对使者推辞道：“我喝醉了酒，我也记不清今天是什么日子。”

使者走后，箕子对自己身边的人说：“身为一国之君，竟然让国人都忘记了时间，这个国家已经很危险了。一国的人都不知道是什么日子，只有我一个人知道，我也就很危险了。”

箕子心里非常清楚那天是什么日子，但是他却对纣王派来的使者说他喝醉了酒，记不清是什么日子。这就是典型的揣着明白装糊涂，为什么他要说假话呢？因为他要通过装傻来自保。这就是为人处世的智慧。

可以设想一下，如果箕子是个老实人，实话实说了，恐怕将给自己惹来杀身之祸。在当今社会，虽然说实话不会给自己带来杀身之祸，但是有些情况下会严重影响自己的人际关系，给自己的工作、生活、婚姻和爱情

带来不良的阻碍。因此，聪明的你应该学会该装傻时就装傻。

学会该装傻时就装傻，并不等于你是傻瓜，恰恰相反，你是大智若愚。古代的朝野上，今天的职场中，有多少人因为不懂得装傻而锋芒毕露，功高盖主，抢了上司的风头而被打压，甚至招来杀身之祸？只有大智若愚的人才能适应这个社会，好好地生存下来。

在人际交往中，装傻可以为别人遮羞，给别人台阶下；在职场竞争中，装傻可以迷惑对手，让对手对你掉以轻心，然后你乘其不备而取胜。装傻是一种示弱，是一种宽容，更是一种高明的策略。懂得装傻的人才容易获得良好的人际关系，才容易获得成功。

对女人而言，实话实说、爱不加掩饰地表现自己的聪明无可厚非。但是如果你不那么厉害，又想表现得聪明，那么这种聪明就是小聪明。一个女人不懂得装傻，却爱卖弄小聪明，这是非常危险的。

陈雪是某公司的市场专员。一天，公司为新产品设计了几个 Logo，老板把大家召集起来，让大家对这几个 Logo 发表自己的意见，以确定最终新产品的 Logo。当大家在一起议论纷纷时，陈雪小声地对旁边的同事说："老板可不喜欢黑色。上次我们搞活动的时候，他就要我们把黑色的绸缎换成红色的。"证据确凿，论证合理，在陈雪的影响下，旁边几位同事纷纷对那个黑色的 Logo 持反对意见。

几天后，这件事传到老板耳朵里。老板得知此事之后，并没有批评陈雪，只是到了年底发放年终奖时，除了陈雪没有年终奖，其他员工都有丰厚的年终奖，而且大家都有不同幅度的加薪。

陈雪得知此事之后，愤怒地找老板理论，老板这时才漫不经心地说："当我让我的下属发表意见时，有个下属却自作聪明地把我的喜好说出来，以至于影响了大家意见的真实性。对于这样的下属，我既要给她发工资，还要研究她的心理活动，我也太不划算了。"

最后，陈雪带着愤愤不平的心情辞职了。

陈雪自以为聪明，结果被小心眼的老板逼走了。人心险恶，你我都难揣测，我们要做的就是装傻，尽量让别人喜欢你，这样你才能更好地避免吃亏。

值得注意的是，叫你装傻并不是叫你永远表现得愚昧无知，而是说在该装傻的时候装傻。换言之，在该聪明的时候要聪明，这样你才能恰当地表现自己的才华，更好地把握机会，让自己走上成功之路。

赵燕大学毕业之后，在网上找到了适合她专长的工作，于是投了简历并在第二天得到了面试通知。那天上午 9 点，她按要求来到面试单位，可那时已有 30 位求职者排在队伍的前面，她是第 31 位。

看到眼前这么多竞争对手，赵燕心想：我怎样才能引起招聘领导的关注呢？她沉思良久后想出了一个主意：她拿出一张纸，在上面写了几行字，然后把纸折得非常整齐，再交给秘书小姐，并恭敬地说："您好，这个纸条上面有重要的内容，请你马上给你老板。"

"好啊，先让我来看看这张纸条……"秘书小姐拆开纸条，情不自禁地微笑起来，并立刻站起来走进老板的办公室。结果，老板看了这个纸条也笑了。原来纸条上写着："尊敬的总经理，我排在队伍的第 31 位。在您面试我之前，请不要做任何决定。"最后，赵燕真的如愿以偿地得到了这份工作。

看了赵燕的聪明招式，你是否为她拍手叫好呢？对于很多老实女人来说，即使她们想到了赵燕的这个办法，恐怕也不会去实施，因为她们没有打破常规的勇气，更没有展现自己的信心。因此，老实女人就更应该像赵燕学习。

该装傻时要装傻，该聪明时要聪明，这就是为人处世的变通智慧。变通的关键是明确什么时候该装傻，什么时候该聪明。只有这样，你才能变得越来越出色，越来越受人欢迎，越来越成功。

4. 女人要想成功，请先学会察言观色

俗话说得好："出门观天色，进门看脸色。"女人要想顺利地为人处世，赢得别人的好感，得到别人的帮助，就必须学会察言观色。不会察言观色的女人，就像不知风向便去扬帆远航的愚蠢水手，弄不好就会在风浪中翻了船。

女人要明白，一个人的言辞能透露他的内心、品格、地位、性格、情绪，因此，你一定要善于捕捉别人的弦外之音。有这样一个故事，非常有意思：

有个穷人患了重病，眼看病情越来越重，医生说他没希望康复。病人就去庙里求神拜佛，说："如果能让我的病好，我一定准备一百头牛来祭祀，以表谢意。"站在一旁的妻子听他这么说，就问道："你哪儿有钱买一百头牛呢？"他说："你以为神让我的身体康复，是为了从我这里得到这些东西吗？"

这个故事告诉我们：一个人说的话，不一定是他的本意，人是心口不一的动物。不会察言的女人经常会责怪别人虚伪，经常被人"忽悠"得团团转。但是善于察言的女人就没有这样的烦恼，因为她们早就知道别人的真实想法。

在生活中，当一个人心情不好、情绪低落时，他依然装作热情的样子对你说："虽然我的心情不好，不过，你有什么事情就说吧……"此时，无论他多么热情，你最好也不要把原本要说的事情说出来，明智的做法是找个借口告别，换个机会再说。

当一个人对别人不满或持有敌意时，他说话的速度会变得迟缓，有一

些迟钝。当一个人有愧于别人或说谎时，语速则会自然地快起来。比如，你老公每天都按时下班回家，但有一天下班之后他留在办公室玩了一个小时游戏，回家比平常晚了。回家之后，他诅咒道："今天的活真多，搞得我不得不加班。"如果你发现他说话的语速比往常快，那么他可能就撒谎了。这就是察言的威力。

如果说察言犹如听风，那么观色就像观察天气，而观察一个人的脸色就像看云识天气。脸上的表情就是天上的云彩，这里面有很深的学问。因为不是所有的人都喜怒形于色，相反很多人喜欢把哭埋在心底，把笑留在脸上，对于这样的情况你要提高辨别力。比如，在一次洽谈会上，对方笑嘻嘻地与你交流问题，你以为对方满意你的方案，你觉得自己成功了，可是结果却以失败告终。

再比如，有些职员对上司的言行不满，但是敢怒不敢言，于是装作一副无所谓的样子，显得毫不在意。但是他的内心其实有强烈的不满，如果你仔细观察他的面孔，就会发现他的脸色不对劲。有些人明明很愤怒，却假装微笑，这也是一种很容易让人误解的表情。

再比如，当你看见朋友或同事闷闷不乐时，千万不要和他谈论得意之事，或者向他求助，否则就是自讨没趣，招人厌烦。当一个人一边跟你说话，一边接电话、看手表时，表明他有急事。这个时候，你最好不要和他说话，打扰他办事。

观色并不是一件容易的事。乌云满天不一定就会下雨，笑脸相迎不一定就是高兴。这就更显示出察言观色的重要性。一般来说，察言观色可以按照以下步骤来进行。

第 1 步：调整心态，调高警惕。

要想准确地察言观色，首先要有一颗安静的心，冷静地思考：他为什么跟我说这句话？他说这句话的动机、目的是什么？怎样回答他才合适呢？通过这样的思考，你可以慢慢学会领悟别人的言外之意。

第 2 步：观察他人面相形态。

相由心生，观察人的面部形态可以洞察人的内心。因为不同的脸形、眉毛动态、眼睛形状表明的含义是不同的。

第 3 步：从人的装扮窥测人心。

观色不只是观察脸色，还要观察别人的整体外貌、穿着打扮，因为服装、鞋子、手提包、帽子、围巾等物品也能透露人的内心。

第 4 步：认真聆听别人的真实想法。

闻声辨人，说话的语气，直接透露人的个性，语速的快慢、语调的高低暗藏情绪的变化，话题的不同、表达方式的不同，能反映人的心情。

第 5 步：观察他人的动作探出真实个性。

行由心出，一个人的动作也能透露他的内心，举手投足、身体前倾、歪脖子，等等，都是一个人的心里在发出信号。

5. 学会示弱，让人情不自禁想帮你

在日常交往中，很多女人往往习惯于表现自己的强项、优势，在别人面前展现自己的优越感，以为这样可以在别人心目中留下好感。殊不知，这种做法是非常愚蠢的，往往会适得其反，招人嫉妒。

珍珍大学毕业后，进入了一家机关单位。她是学中文的，加上平时爱好读书和写作，因此，写作能力在工作中被她发挥得淋漓尽致。每次领导交代任务，她都会出色地完成。再加上珍珍的精力充沛，工作认真，因此，进单位不久，就深得领导的器重。

每个月珍珍都会利用业余时间写文章投稿，基本上每个月都有稿费单飞来，这让她在单位无限风光，一些人羡慕不已，一些人则心生嫉妒。

最开始，机关里那些还在原地踏步的老同事用酸溜溜的语气对珍珍说：“珍珍，又来稿费了？挣百八十块钱不容易吧，我看你的眼睛都红肿了，昨晚熬到凌晨几点啊？”

接着，那些年轻的同事也心里不平衡了，看到珍珍拿着荣誉证书，就去领导面前告状，说珍珍利用上班时间写自己的文章，赚自己的小费，上班时间用公司电话给家人打电话……

其实，这不过是一些鸡毛蒜皮的小事，被同事这么一说，显得很严重。领导找珍珍谈话：“你还年轻，有了成绩不能骄傲，有小毛病一定要改，不然就会酿成大错……”虽然语气委婉，但珍珍心里依然不是滋味。

对于那些无聊的告状，珍珍非常恼火，她不知道自己做了什么事情，为什么大家都会看不惯自己？

当你比别人成功，比别人幸运时，你就很容易招人嫉妒。这是人际交往中的常见现象。这时你生别人的气，和别人大吵也没用，只能让别人更反感你，最好的办法就是主动示弱，以平复别人的嫉妒心理。

要知道，对弱者有同情心，对强者有嫉妒心，这是人类的天性。有了同情心之后，关心、帮助就会随之而来；有了嫉妒心之后，敌对、打击就会从天而降。因此，聪明的女人如果不想在无形中树敌，而是想获得更多人的“厚爱”的话，就应该学会示弱。

示弱可以减少别人对你的嫉妒和不满，还能拉近你和别人的距离。尤其是当你是出色的人物、成功者时，更应该学会向别人示弱，以消除大众对你的排斥心理。比如，有位政治家在接待记者的时候，故意喝一口刚泡好的咖啡，然后大嚷道：“啊！好烫！”咖啡杯随之滚落在地。

接着，政治家又把香烟倒着插入嘴中，准备在过滤嘴处点火。这时记者提醒他，他才慌忙地拿正。其实，这位政治家是故意这么做的，目的就是通过示弱让记者明白：政治家这样的大人物也是普通人，也会犯低级错误，以消除记者对他的距离感，增加自己的亲近感。

对女人来说，她们生来骨子里就有温柔的成分。因此，何必刻意地伪装强势呢？何不学会示弱以博得别人的宠爱呢？示弱既能使不如你的人保持内心的平衡，有利于你的人际交往，又能让人对你产生同情之心，继而愿意接近你、帮助你。特别是在家庭生活中，女人不要做一个无所不能的太太，而应该放下盛气凌人的姿态，学会向男人示弱。这才是女人智慧的表现。大家都知道这样一个经典的故事：

当年撒切尔夫人担任英国首相时，曾发生过这样一件事：参加完就职典礼后，撒切尔夫人回到家里，敲门声惊动了丈夫。丈夫问："谁啊？"撒切尔夫人洋洋得意地说："我是英国首相！"结果丈夫半天也不来开门。撒切尔夫人恍然大悟，马上改口说："亲爱的，开门吧，我是你太太。"很快丈夫就开门了，并给了她一个热烈的拥抱。

在这里，撒切尔夫人通过示弱让丈夫开了门，并获得丈夫的热烈拥抱。可见，示弱的魅力非常大，女人示弱可以给男人足够的面子和足够的信心。在婚姻中，和男人相处是一门艺术，只有懂得妥协的女人才会让男人更加爱你。而一个不懂得示弱的女人，或许她很能干，很能持家，但是很可能不被男人疼爱。

燕子是个争强好胜的女人，她做事果断，能吃苦，善于持家，无论多累，家里的大小事她都一人包了。按理说她这么能干，丈夫应该觉得自己很幸福，应该会很珍惜她。可事实上并不是这样，她经常抱怨丈夫没良心，一点儿忙都帮不上，一句体贴的话都不说，经常懒懒散散的，好像家里的事他没有责任一样。

为什么燕子的丈夫会这样呢？其实，最开始的时候，丈夫见燕子经常忙里忙外，也会主动做家务，但是燕子觉得丈夫做得不好，于是她又做一遍。丈夫心想：我做完你还要做，我不是白做吗？既然你觉得我做不好，那你做好了，我还懒得操心呢！就这样，丈夫再也不愿意做家务了。

无论你在工作中多么能干，与人交往的时候都应该放低姿态、保持谦虚。回到家里，一定要放下盛气凌人的架子，否则，没有哪个男人会喜欢你。因为家是温暖的港湾，而不是比强悍的地方。

总而言之，无论是在工作中，还是家庭生活中，或是在平时的生活中，如果你想有一个好人缘，想处处受人欢迎，就有必要学会示弱。示弱的女人才可爱，示弱的女人才好命，示弱的女人才会博得万千宠爱。

6. 偶尔暴露一下缺点，让别人更容易接纳

每个人都有缺点，但是人们总是习惯于把缺点掩藏起来，而尽可能宣扬自己的优点。如果你反其道而行，主动向别人透露自己的缺点，往往会赢得别人的信赖。这并不意味着你把所有的缺点都说出来，否则会破坏你的形象。你只需要透露一点无关紧要的缺点，比如，睡懒觉、性子急、粗心大意等。这样给别人的感觉是“虽然有些缺点，但大体上还不错”。

有一年，香港特别行政区的行政长官换届选举，在竞选即将开始的一段日子，作为有意竞选的候选人之一的香港前立法会主席范徐丽泰，在公共场合不断暴露自己的缺点，比如说，“我曾经患过乳腺癌，身体不太好，可能不能胜任我要竞选的工作”，“我一直在立法会工作，没有行政工作的经验，唯恐胜任不了”等。

对于范徐丽泰的举动，有人表示她看似是在自我揭短，自我示弱，实际上是在运用心理学策略，想通过暴露缺点来赢得选民的信任和支持。试想一下，对于范徐丽泰的身体不太好的缺点，如果不幸被她的竞争对手揭露出来，会产生什么不利影响呢？因此，与其被别人揭露出来，不如主动暴露，这就是范徐丽泰的智慧之处。

然而，在生活或工作中，大多数女人并没有范徐丽泰那样的睿智。她

们在求职的时候，喜欢在面试官面前自吹自擂，对自己的缺点绝口不提，甚至当别人指出她们的缺点时，她们会为自己辩护。可是，这样做并不能赢得别人的好感。

有位人力资源经理讲到自己招聘员工的经历时说：“如果求职者锋芒毕露，夸大自己的优点，对自己的缺点却说不上来，我一般不会录用他。如果求职者真的很出色，我能通过他的言谈举止以及简历等，大概地判断出来，毕竟招聘还有测试。”他建议求职者不要掩饰自己的小毛病，有意无意地卖点“傻”、学点笨，反而使人觉得更真实可信，更容易被人接受。

刘佳佳是应届毕业生，她在找工作之前，和很多人一样做了一些准备工作。她和学姐徐娟学习，经常看一些就业指导方面的书籍，经常了解招聘信息，听就业辅助讲座等。在刘佳佳看来，面试应聘时很重要的一步，而个人简历就是自己的一张“名片”。于是，她尽其所能包装自己的应聘简历，在制作封面、学校介绍、专业介绍、科目成绩、老师评价、勤工俭学等方面都做足了准备，同时，她还复印了自己的奖励证书，并且将自己的简历证书都做了保鲜盒，还将自己的个人简历都塑封起来。为了尽可能地让别人了解自己有多优秀，她还跑了一次学校，又尽可能多地弄一些学生评价和老师评价，并将这些都装订成册。为了让对方知道自己有多优秀，她还特意给自己加冕了一些干部头衔。

即便是这样，刘佳佳觉得自己的个人简历还是不够完美，对于面试官的提问应该是对答如流的，所以，她特意的背诵了一些关于“你为什么选择我们公司”、“你好像没有经验”这样的问题进行了无懈可击的准备。然后在面试之后，好的企业并没有垂青于她，她甚至不知道为什么自己这样完美却失败了。

为什么呢？因为没有完美的人，是人就会有或多或少的缺点。因此，当一个人既强调自己的优点，同时又适当指出自己的缺点时，才会给别人一种真实的印象，更容易给别人留下好感。由此可见，适当暴露一下缺点是不错的攻心策略。这种策略可以运用到各方面，能迅速拉近人与人之间的距离，让别人感觉到你的坦率和真实。

比如，有个男孩和女孩谈恋爱，女孩告诉男孩："我的工作性质比较特殊，要经常加班；我的性格比较内向，不太爱说话。"提前暴露了自己的缺点，一方面是提醒男孩做好心理准备，另一方面是在日后的交往中，如果女孩因为加夜班、不爱讲话影响他们的交往，男孩也不好意思生气。再说了，这样不是显得更加坦诚吗？

7. 适当透露点隐私，增加亲近感

俗话说："攻心为上。"人是情感细腻的动物，与人交往，重在交心，重在攻心。当一个人从心底里接受你、认可你之后，他自然会视你为朋友。那么，怎样才能攻破他人之心呢？有一个非常实用的攻心技巧——适当透露点隐私给别人，如此，便可以快速拉近他人与你的心理距离。

为什么呢？因为绝大多数人不会刻意向别人透露自己的隐私，唯恐暴露出自己丑陋的一面，害怕有损自己的形象。这是人性的特点，是人的正常心理。而你反其道而行之，恰如其分地暴露自己的隐私，这不仅不会损坏你的形象，相反，还能使人觉得你真诚坦荡，从而对你产生好感。

有一位心理学家在某电视台做了这样一个实验：选择三名候选人，让他们三人分别介绍自己的情况：

第一位说："我有很高的资历、学历，我的人品很好。"

第二位说："我的工作经历丰富，工作业绩突出。"

第三位说："我工作踏实，对家庭负责，实不相瞒，我还有点怕老婆，我甚至跪过搓衣板。”

三位候选人自我介绍完毕之后，让大家对他们所言的真实性，以及对他们的好感度、亲切感打分。结果第三位候选人以压倒性的优势战胜了前两位。

这个实验充分说明，一个人要想让别人感到亲切，就应该与别人进行有人情味的交流，必要的时候可以适当透露点秘密给别人，暴露一点自己“不光彩”的一面，这样会让别人觉得更真实可信，从而产生一种好感。

谭菲是一名销售人员，有一次，她去拜访一位重要的客户，对方是一名企业家。见面后，企业家让秘书端上一杯热茶，谭菲端起茶喝了一口，立即叫道：“哦！好烫！”企业家关切地问：“你没事吧？”

谭菲说：“嗨，没事没事，我这个人啊，有点毛毛躁躁的，小时候啊，经常丢三落四，没少挨打啊！”

企业家听到谭菲这么说，哈哈一乐，说：“我小时候也一样啊，哪个孩子不淘气啊！”说到这里，气氛一下子融洽了很多。

接着，谭菲开始向企业家介绍自己的产品，沟通过程非常顺利，最后成功签单了。

每个人都有许多弱点，都有一些隐私，如果你有勇气透露出来，更容易赢得别人的好感。无论是在生意场上，还是在职场的人际交往中，如果你希望别人对你放松警惕，对你产生亲近之感，使别人把你当成朋友，为你办事，你不妨巧妙地、不留痕迹地暴露自己那些无关紧要的隐私，这样别人会以为你把他当成了自己人，从而更加信任你，更加喜欢你。

值得注意的是，给别人透露的隐私，一定要真实，如果是虚假编造，一旦被人察觉或发现，别人一定觉得你这个人油嘴滑舌，是个虚伪之人，从而对你失去信任。再者，不要暴露太多的隐私，否则，会给别人带来压力感，当然，暴露太少，蜻蜓点水，又难以显示你的诚意。因此，要掌握好适度的原则。还要注意，你所透露的隐私不应该影响你的形象，是无关紧要的隐私，免得别人对你有看法，有反感。

另外，要注意的是，透露隐私要掌握好技巧，选择合适的场合和时间，对什么样的人，透露什么样的隐私，这样既能显示自己的诚意，又能投其所好，间接地迎合别人。这才是最高明的攻心之道。

当你与比你年轻的人打交道时，你可以对他说："我真羡慕你呀！敢想敢做，我一直也想自己创业，但总是前怕狼，后怕虎的，至今也没有行动。"当你与漂亮的女性打交道时，你可以对她说："你真漂亮，如果我有你这样的姿色，我一定会成为优秀男人眼中的万人迷。"你还可以对她说："听某某说你特别漂亮，有气质，我一直想见到你，今天总算满足了自己的心愿，果真是气质迷人。"

8. 想获得别人的好感，就别把精明挂在脸上

生活中，有这样一种女人：她们精于算计，爱争强好胜，觉得只有保持清醒、积极争取才不会吃亏上当。实际上这种想法大错特错，真正看起来精明的女人，往往不容易讨人喜欢，很难有一个好的人际关系。

更严重的是，这些看似精明的女人很容易成为男人的"玩具"，她们的精明最终换来男人的一颗假心。几番交手之后，落败的还是女人。不是说女人不够精明，手腕不够高，而是因为男人没有那么傻，他们不会对一个时刻把精明挂在脸上的女人认真。

为什么会这样呢？因为无论是男人还是女人，都不希望看到别人比自己精明。正如英国19世纪政治家查士德·斐尔爵士对他的儿子所说的："要比别人聪明——如果可能的话，却不要告诉人家你比他聪明。"女人如

果想获得别人的好感，就要牢记这句话，努力做到比别人聪明，但是不要告诉人家你比他聪明，更不要时时把精明挂在脸上。

曾馨莹是一个女舞者，2008 年，她和台湾首富郭台铭喜结良缘。一时间，她引起了媒体的关注，媒体关注的不是她的漂亮脸蛋，也不是她的性感身材，而是她为什么能在短时间内迅速赢得郭台铭的心，为什么能打败周围各色美人？

对于这个问题，很多人觉得不可思议。以郭台铭以往的绯闻女友来看，她的气质不及刘嘉玲，美艳不及关之琳，性感不及林志玲，为什么她能突出重围，成为郭太太呢？用郭台铭的话说，就是：因为她身上闻不到钱的味道。

郭台铭的话一下惊醒梦中人，让无数爱钱爱势的女人败得非常彻底。难道曾馨莹真的不爱钱吗？当然不是，只是她没有把“钱”写在脸上，没有把那点小心思、小精明写在脸上。所以，她才会让郭台铭觉得舒服，郭台铭才愿意娶她为妻。

纵观那些失败的女人，不是因为她们不够聪明，也不是因为她们不够魅力，而是因为她们心无城府，把一些小心思、小精明挂在脸上。比如，很多女人与明星、富豪交往，说白了就是冲着男人的钱去的，这样的女人不论何种男人见了都会设防。男人不是傻瓜，怎么会轻易让一个把“钱”写在脸上的女人成为自己的妻子呢？

曾馨莹懂得不把精明挂在脸上，最后赢得了大富豪的芳心。那么试问，如果普通女人懂得不把精明挂在脸上，是不是可以轻而易举地获得别人的好感呢？答案是肯定的，在普通的人际交往中，人与人之间涉及到的利益关系相比较于婚姻爱情中的利益关系少得多。因此，如果你懂得把精明藏起来，做一个有点傻的女人，即便是极品男人也会纷纷落马在你的脚下，更何况你只是想和别人成为朋友，这有什么难的呢？

作为女人，可以有野心，可以有心机，可以有精明，但是请不要把精明挂在脸上，藏在心里就好了。在与人交往中，少一点咄咄逼人，少一点争强好胜，少一点斤斤计较，你会变得更有魅力。正所谓温柔的女人可爱，平和的女人可亲，懂得装一点傻的女人有智慧，这种女人才是攻心的高手。如果你能做到这几点，那么你就会成为最受欢迎的女人。

9. 少数人才懂的攻心智慧：投其所好

在与人交往的过程中，怎样才能打动人心呢？其实最佳的办法是投其所好。别人对什么感兴趣，你就跟他谈论什么，让他谈得开心；别人的优势是什么，你就跟他谈什么，让他谈得得意；别人有哪些成绩，你就跟他谈什么，让他谈得自豪。如此，你能不招人喜欢吗？

不过，在投其所好之前，要对别人有一定的了解，要善于捕捉别人的真实意图，看透别人的心思，然后在投其所好。这是最神奇的人际关系攻心术。如果你懂得运用这招，就算别人在勃然大怒的时候，你也能三言两语让别人喜笑颜开。

袁世凯被称为“窃国大盗”，他曾窃取中华民国临时大总统的宝座，然后每天做梦都想当皇帝。一天，袁世凯正在午睡，一位侍婢送来参汤，供袁世凯睡醒之后进补。但由于进门的时候不留神，侍婢的脚被绊了一下，结果把盛汤的羊脂玉碗摔碎了。

袁世凯被玉碗破碎的声音惊醒了，顿时勃然大怒，大声吼道：“你居然把我的羊脂玉碗摔碎了，今天我非要了你的贱命！”

在这生死关头，侍婢赶忙跪下来哭泣：“不是小人的过错，侍婢刚才被吓到了，才摔碎了玉碗的。”

袁世凯骂道：“什么？说来听听。”

侍婢哭着说："小人刚才端参汤进来时，看见床上睡的不是大总统。"

"混账东西，"袁世凯怒不可遏道，"床上不是我，那是谁？"

"小人不敢说！"侍婢哭泣道。

袁世凯咬牙切齿地说："赶快说，否则我马上杀了你！"

"我说，我说，刚才我看见床上躺着一条五爪大金龙！奴婢见了，吓得跌倒在地……"

袁世凯一听，内心不由得一阵狂喜，以为自己是真龙转世，马上就要当皇帝了，于是怒气全消了，还重重奖励了侍婢。

侍婢终日侍奉袁世凯，对袁世凯做梦都想当皇帝的心理了如指掌。因此，在那生死关头，侍婢才能精准地抓住袁世凯的心思，通过投其所好来逢迎他，使他转怒为喜。为此，她不但捡回了一条小命，还得到了重奖。可见，投其所好的攻心术威力无比强大。

在你的周围，你的上司、同事、朋友、老公都有不同的喜好。如果你想他们越来越喜欢你，你不妨学学那位侍婢，用投其所好的办法与之交往。那样你一定会在人际交往中左右逢源、八面玲珑。在运用投其所好的攻心术时，要注意什么呢？

首先，你要搞清楚别人的兴趣爱好、内心意图，掌握别人的心思。然后，你要注意察言观色，摸清别人的喜怒哀乐，在此基础上再对症下药，投其所好，就可以迎合别人的心理，满足别人的需求了。如此，你在职场中才容易赢得上司的好感，得到上司的重用；在同事们中，你才能和大家打成一片，成为人人喜欢的搭档；在老公面前，你才会成为善解人意、女人味十足的妻子。

另外，要做到投其所好，还应该从小事入手。比如，你知道某个同事喜欢吃苹果，你可以带一些苹果给他吃；当别人心情很好时，你就不要说大煞风景的话；当别人心情很差时，你就别说自己得意的事情，而应该真诚地安慰他。通过这些小事投其所好，别人会不知不觉地喜欢你。

10. 准备些"糖衣炮弹"——人人都期望被赞美

美国著名的成功学家戴尔·卡耐基曾在《写给女孩子》一书中说过这样的话：人都有一种倾向，会依照人们给出的评价去生活。如果你对一个孩子说他笨，他可能会比以前更迟钝。如果你赞美孩子礼貌，他将会变得更礼貌。

其实，无论是牙牙学语的孩子，还是白发苍苍的老人，都希望得到来自社会或他人的赞美，从而让自己的自尊心和荣誉感得到满足。这是人类的天性，有位企业家曾说过："人是活在掌声中的，当下属被上司肯定时，他会更加卖力地工作。"

在日常的人际交往中，女人要学会赞美别人，这是人际交往的最基本技巧，也是最受人欢迎的交际方式。当你真诚地赞美别人时，对方会由衷地感到快乐，并对你产生一种好感。这会使你和对方的距离拉近，从而使你们愉快地交往。所以，为了让你的人际关系更加和谐，请不要吝啬赞美。

悦悦因为在公司里人际关系紧张而苦恼，和同事们互不来往，各自忙着自己的事情，似乎很难知心交谈，她希望改变这种状况，但不知从何做起。

后来，她请教心理咨询师，对方给她一个建议："从现在开始，试着赞美别人，真心地赞美别人的长处、闪光点。比如，今天你的气色真好！你的裙子真漂亮！等等。"

悦悦接受了心理咨询师的建议，不久之后，情况完全变了，她和同事们有说有笑，大家都愿意和她交往，她的身上好像有一种无形的吸引力。

一天，公司的王姐剪了一个新发型，她蓄了多年的长发剪成了齐耳短发，但她对理发师的技术并不满意。可是悦悦看到后，第一个带头赞美王姐的短发清爽，说她显得干练了很多，人也精神百倍了。在悦悦的带动下，其他同事也纷纷赞美王姐的发型。

在大家的赞美中，王姐对理发师的怨气一股脑儿全消了。下班的时候，王姐和悦悦一起走向公交车站，她对悦悦说："今天我本来心情不好的，因为我觉得换的发型太失败了。但没想到你还这样赞美我，真让我很意外。后来我一照镜子，发现短发还真的很清爽，我今天的心情也好了很多。"

赞美有神奇的功效，它能让一个心情糟糕的人瞬间绽放出微笑，能使一个自卑的人马上感受到自己的价值。当你对同事说"你真行，这么棘手的问题，你几分钟就解决了，真让人佩服"时，你仔细观察一下他的表情，那肯定是由内而外散发出来的自豪。这样一来，下次当你遇到困难时，再找他帮忙，他肯定会很乐意相助的。

有人说："赞美就是糖衣炮弹，赞美别人，等于用花言巧语迷惑别人，让别人喜欢你，愿意和你交往，愿意帮助你。"其实这个说法非常贴切，要想与别人搞好关系，你必须准备些糖衣炮弹，因为人人渴望被赞美。

然而，赞美既有利于维护人际关系，又有利于激发别人的积极性，但是赞美并不是一件简单的事情。赞美别人的同时，也需要掌握一定的技巧，这样才能让别人感受到你的真诚。

（1）先否定再肯定

当你赞美别人时，如果只是平铺直叙，那么效果是有限的。如果采用先否定再肯定的方式赞美别人，那么效果会大不相同。比如，你对别人说："我很少佩服别人，但你是个例外。"然后，你再把佩服他的理由讲出来，他一定会非常高兴。

（2）赞美别人得意的事情

每个人都有自己得意的事情，如果你主动去赞美别人得意的事情，那么别人一定会对你充满好感。例如，同事今天以非常实惠的价格买了一件漂亮的衣服，正在为此沾沾自喜，这时你过去赞美她的衣服漂亮，夸奖她会买东西，话里话外表达对她的佩服。

（3）要注意赞美的时机

赞美别人的时候，一定要注意赞美的时机，以尊重对方的感受为原则。当别人情绪低落的时候，或不顺心的时候，你过分的赞美反而会让对方觉得不真实。所以，在赞美之前，一定要考虑对方的心理状态，注意赞美的时机。

（5）学会在背后赞美别人

当面赞美别人，虽然能让人感到高兴，但最让人感到你的真诚，最容易让人对你产生好感的，莫过于在背后赞美别人。因为当面赞美别人，别人可能觉得你是在有意讨好他，而你在背后赞美别人，别人则会相信这是完全发自真心的，是没有水分的。因此，背后赞美别人，更容易打动别人。

第六张牌 有魅力：风情万种比美丽更胜一筹

真正有魅力的女人永远主宰自己的命运，从不会随波逐流。如果说女人是一本书，那么漂亮是封面，魅力则是内容，仅有漂亮的封面，往往缺少可读性。靓丽的外貌令人眼动，丰富的内心令人心动，只有外貌与内心的完美结合，才会让女人看上去光彩照人，魅力十足。

1. 女人可以不漂亮，但不能没有女人味

现实生活中，有些女人长得漂亮，却没什么女人味；有些女人虽然相貌一般，但却气度非凡……这种独一无二的美，就是“女人味”。

古人讲“阴阳”，一虚一盛，一凹一凸，这个世界也无时无刻不在遵循着阴阳互补的法则。一般来说，男人刚烈，女人阴柔；男人粗犷，女人细腻。可见，“女人味”这一概念是相对于男性而言的，那些女人所独有的、为男人所着迷的感觉和气质，就是女人味。而从女人的角度讲，只有不断地完善自己的品性、人格，找到默契的另一半，人生才算完整。

作为一个女人，首先得明白什么是女人味。男人和女人眼中的女人味，往往有很大的差别。在男人看来，女人的温柔、可爱、性感是最吸引人的，而女人觉得，个性、智慧、自信，才最重要。总之，女人味是一种很难用言语形容的感觉，但却是女人独特魅力的集中体现。

心理学家认为：人生阅历和修养层次，在某种程度上决定了女人气质的好坏。有女人味的女人是睿智的、善解人意的，大大咧咧、目空一切的女人，只能招来别人的反感。有女人味的女人，无论衣着、气质、谈吐、行为方式，都有自己的一套标准。不要以为有魅力的女人，只出入于各种高档的会所、酒店，真正招人喜欢的女人，既要入得了厅堂，还要下得了厨房，她能陪男人享受美味的烛光晚餐，也能给男人烧一桌好吃的家常菜。

现代社会的女性，总是过于忙碌，她们像男人一样打拼，像男人一样纵横职场，以至于忘了停下来，好好审视一下自己。很多女人为了应对就

业的压力，不断地学习、上进，到最后，骨子里竞争的意识越来越强，女人所特有的气质却越来越少。现如今，大学里都流行这样一种说法，在图书馆学习的人无非三种：男人、女人、女博士。女人啊，确实应该醒醒了，就算再拼，迟早也是要回归家庭的。

女人到底做错了什么，难道女人不该为自己争取一些地位吗？当然不是。对男人而言，事业的成功意味着一切；可是对女人而言，事业并不是衡量其人生价值的唯一。工作只是生活的一部分，女人还需要花一些时间来修饰自己，让自己看上去更有女人味。

研究证明，男人在见到美女时，智商总是会下降。这时候，女人的优势就体现出来了，在男人眼里，你的容貌、姿态，早已胜过一切了。所以，强化女人的第一步，就是让自己的魅力值增加一倍。一旦你打扮得韵味十足，男人很大程度上会忽略你的能力，而专注于你的曲线与外表。此时，如果再多一点娇羞和温柔，男人就彻底拜倒在你的石榴裙下了。

小菲在一家服装公司上班，年纪轻轻，已经混到了部门经理的位置，手下还有七八个组员。小菲的精明在公司里是出了名的，她做起事来雷厉风行，这让许多的男同事都不得不服气。然而，就是这样一个风风火火的女强人，谈起恋爱来却女人味十足。她的办公室里有一个衣柜，每次下班前，她都会脱下正装，换上一身清新的花裙子，在楼下站十多分钟，等男友开车来接他。男友自然也十分庆幸：这样一个既能干又可爱的女人，别人可是打着灯笼都找不着的！

男人时常会这样对自己说："没错，她就是我需要的女人。"大多数时候，他眼前的这个女人，并不是什么"铁娘子"、"女强人"，而是一个普普通通、细心体贴的小女人。毕竟，女人宁静柔软的胸怀，才是他们真正需要的。

然而，幸福可不是天上掉馅饼，想有就有的。做一个让男人着迷的女人，从来都不是一件省时省力的事。男人们看见女人纤细的手腕、精致的鼻梁、飞扬的裙角，总是会情不自禁地流露出欣喜之情。这时候，女人既要表现得很自然，又要保持一定的矜持。视觉效果达到了，接下来就得想想：如何让这种吸引力长久地保持下去。这时候，你可以明确地告诉男人：我不如你，我得依赖你。女人这样说，并不会让自己低人一等，反而会激发男人的责任心。为了能使自己配得上这份信赖，他会释放出更大的能量来包容你、爱护你。

女人需要关注自己的美丽，也需要关注自己的心灵。一个女人，有了柔情似水的心境，才会有女人味。人们时常会说到一个词：一见钟情。女人想让男人迷上自己，自己得先接纳自己、欣赏自己。每次梳妆完毕，不妨对着镜子，问问自己：这个女人美不美？温柔不温柔？要时常刻意地提醒自己，作为一个女人，内心再强势，脸上也要表现得温和。一举一动、一言一语，都得像一个女人，用女人的方式哭，用女人的方式笑，留下了女人味，才能留住男人的心。

再强悍的女人，都需要一个坚实的堡垒，这没什么可羞愧的。女人就应该让自己的男人知道：你需要他。硬邦邦的“男人婆”、灰头土脸的“黄脸婆”，永远不会是男人们顶礼膜拜的对象。

女人，还是得有女人味。无论何时何地，无论贫穷还是富有，女为悦己者容，这句话永远不变。爱美是女人的天性，作为女人，有必要让自己变得漂亮。不管是取悦别人，还是愉悦自己，归根到底，无非是为了让自己增添一些女人味，从而迎接更好地生活。

2. 风情万种，比美丽更胜一筹

有一种女人，她们有美丽的容颜，有秀挺的身姿，有飘逸的柔发，有若隐若现的体香，有得体的着装。你可以说她们气质迷人，说她们惊艳万分，还可以说她们婀娜多姿，但是都不如用“风情万种”这个词来形容她们更贴切。为什么呢？

因为这种女人的肢体语言不会放浪形骸，但抬手低头间流露出十足的韵味；这种女人的眼神和姿态不会轻浮，但是一笑一颦间却又流露出让人难以形容的妩媚；这种女人哪怕只是静静地站着或坐着，也是一道亮丽的风景，一首美丽动人的诗篇。这就叫万种风情，它比美丽更胜一筹，就连女人味都比它略逊一色。

有人曾说：“风情万种的女人就像打火机，而不解风情的女人就像灭火器。”这句话对风情万种的女人是最好的赞美，风情万种的女人会点燃男人身上的激情，会让男人绽放出热情；不解风情的女人则会让男人泄气，让男人周围一团糟，那感觉简直糟糕透顶。

女人的风情万种并非做作，也并非刻意卖弄，而是自然流露。女人要知道，风情万种不是一朝一夕就具备的，而是经过天长日久的修炼才达到的。而且风情万种不只是外形的修炼，更是人格魅力的修炼。只有内外兼修的女人，才懂得什么时候该张扬，什么时候该收敛，无论是张扬还是收敛都那么恰到好处，不至于走火入魔让人觉得放荡、轻浮。

女人的风情万种在不同的年龄段有不同的韵味。未婚的女人有未婚女人的韵味，已婚女人有已婚女人的韵味，为人母的有做母亲的韵味。因此，无论你处于什么样的年龄阶段，你都可以通过内外兼修让自己变成风情万种的女人，变得从容淡定、豁达洒脱、淡泊名利、超凡脱俗。

女人要风情万种，就要把自己的性感展露出来。

性感是成熟女人的一种标志，是一种美，是女性魅力的重要指标。对女人来说，性感是挑战，也是目标，它的极致在于适度展现自己但却不张扬，有风韵但却不风骚。性感的女人如果再配上性感的动作，那么绝对会让男人如痴如醉。

女人的性感绝不是丰乳肥臀，也不是极尽诱惑和勾引的媚态。聪明的女人懂得什么时候穿什么衣服，她们绝不会在酒会或者舞会上穿职业套装；绝不会穿着泳衣招摇过市；绝不会穿着西装革履在泳池边漫步。聪明的女人懂得适当地留一点，再透一点，打造一个若隐若现的性感和迷人外形。

怎样露才能表现出性感呢？美学专家告诉我们，女人要学会扬长避短地表达性感。如果你的腿太短、太粗、太细，甚至罗圈腿，就不要穿短裤、短裙；如果你的肩部太宽、太厚，或者背部皮肤不好，就别穿露背的衣服；如果你的胸部平坦，就不要把领口开得很低。

其实，性感只需要一些小小的细节，比如，上体前倾，使得丰满的胸部曲线若隐若现；用手指轻抚嘴唇或放在双唇间，让你性感得不可方物；适当地穿着丝质吊带裙在屋里走来走去，让丝质的细腻柔滑和你肌肤的光洁交相辉映。总之，你的性感要露得恰到好处，给人一种若有似无的朦胧和诱惑。

女人要风情万种，就让自己隐隐约约散发香气。

香水是神奇而美妙的液体，塑造着女人的第二种形象，是女人的必备武器。再美的女人也要经得起近距离的嗅闻，否则在男人的潜意识中是不会真正感受到你的魅力的。女人，温柔美丽也好，激情狂野也罢，总能在香水的点缀下变得更有魅力和韵味。

香水的流行一般是由设计师和销售员所创造，当某一类型品牌香水在媒体上大量曝光时，消费者往往会认为这就是一种流行，那么消费者要如何在商家所创造的流行中，选择到真正适合自己的香水呢？

著名的香水制造商夏奈尔曾说过："应该把香水洒在想让人亲吻的地方。"香水可以引起性的欲望。当远处飘来女人香时，男人的嗅觉就被挑逗了，男人的感官被刺激了，这会让男人充满期待，浮想联翩。这就是香水的魅力所在。因此，女人要想变成风情万种的人，就要学会驾驭香水，懂得香水的妙用。

聪明的女人不会往身上乱喷香水，因为那样只会一团糟。不同味道的香水应该用在不同的环境和场合，这样才能让你的香味充满魅惑。

在密闭的车厢、戏院等空气不太流通的地方，忌讳使用浓烈的香水，以免刺鼻的香味影响他人。明智的话，应该使用浓度低、挥发性强的香水，让人闻到你身上的淡香就可以了；在餐厅等地方时，也非常忌讳涂浓烈的香水，因为过浓的香水会影响食物的味道，可能降低别人的食欲；在医院等地方，你的香味要让别人闻起来舒服，以免影响医生和病人的心情；或者你干脆别喷香水；在下雨的天气里，空气中比较潮湿，香水在水分重的区域难以弥散，所以，选用淡香水为宜。

香水的选择还要考虑到场合，在婚礼这种喜气洋洋的场合，香氛可以浓烈一点。如果是白天可以选择淡香水，如果是晚上可以选择浓香水；约会的时候，可以选用柑橘水果或苔类香草为原料的香水，这种香水里含有荷尔蒙成分，能使人保持兴奋；商务会谈时，要以清新淡雅的香水为宜，因为过浓的香水会使原本正式严肃的会谈气氛变得更加凝重，不利于与会者轻松讨论；睡觉的时候，可以在枕头上滴一点薰衣草或玫瑰精油，这样有助于改善睡眠质量。

女人要风情万种，不妨从骨子里透露出一点妩媚。

妩媚是一种透明的、穿透力极强的光线，又是一缕毒性强烈的轻烟。“媚”里面隐藏着欣赏、取悦、痴迷等物质，会让男人欲罢不能。对聪明的女人来说，妩媚的近义词是温柔，而不是妖媚。尤其是在丈夫面前，聪明的女人总能表现出令丈夫怦然心动的妩媚。

怎样表现女人的妩媚呢？你可以抛个媚眼，笑中带着一点羞怯，用无声的语言牵动男人的心。无论你的媚眼是忧郁的、迷惘的、缥缈的、懒洋洋的、天真带笑的或眼中藏着火焰的，只要神韵所及之处，男人都会接收到你释放出的信号。你还可以在不经意间流露出慵懒状，旁若无人地伸一个懒腰，就像一个刚睡醒的朦胧女子，散发若无其事的性感。你还可以压低声音，适当地撒娇，表现自己的温柔和娇滴。

3. 从容淡定的女人最美

淡定是时下最流行的一个词，淡定的女子就如一幅清新隽秀的山水画。无论外界风起云涌、世事变迁，无论遭遇怎样的尴尬和窘境，都能处变不惊、坦然应对。

当年，撒切尔夫人与中国领导人邓小平就香港问题进行谈判。

会谈结束后，撒切尔夫人有点儿落寞地走下人民大会堂北门石阶，抬眼看见右下方的记者，就绽开笑脸，转过头来向记者示意，努力地使自己表现出镇定。而当她继续往下迈步，却不料高跟鞋与石阶相绊，她的身体失去平衡，一下子栽倒在石阶上，皮鞋、手袋也被摔到了一边。幸好当时，她已经踏上最后一个台阶，才没摔伤，旁边的工作人员立即扶她起来。

在那样的场合，那样的情况下，摔一跤，实在是很没面子的事，换做别人一定会脸红，或者流露出掩饰不住的尴尬。而撒切尔夫人不愧为铁娘子，起身后跟什么事都没发生一样，神态自若，充分显露出了其处变不惊的“女强人”本色。

能体现出撒切尔夫人镇定从容的还有一件事。

1984 年 10 月 12 日，撒切尔在英国南部的城市布莱顿一个豪华大饭店里，虽然当时已经是深夜，但在底层宽敞的大厅和华丽的酒吧间里，仍有不少身穿礼服的男人女人忙碌、谈笑。撒切尔夫人有晚上工作的习惯，她正在准备一篇演讲稿。

凌晨 2 点 50 分，忽然不知什么原因，随着一声惊雷般的巨响，整个饭店都在剧烈摇晃。强大的气浪把撒切尔夫人桌上的稿纸震得四处飞扬，而她两分钟前刚刚离开的浴室已经塌陷下去。

爆炸发生后，救援人员立即投入抢救工作，受过专门训练的狼犬在废墟中跑上跑下，寻找受伤者的位置。在这生命遭遇威胁的一刻，撒切尔夫人却没有表现出一丝的慌乱，在爆炸的浓烟还在翻滚的时候，她就一边拍着身上的尘土，一边大声询问救援的人："要我帮着做点什么吗?"事后得知，这是爱尔兰共和军策划的袭击，他们在饭店的五楼放置了一枚威力极强的炸弹。

凡是伟大的人物都是"镇静"的高手，因为他们懂得，"慌"对解决问题毫无意义，不仅会使自己无法正常思考，而且会让周围的人乱作一团。相反，控制好情绪，保持平静从容的心态则可以在任何场合应付自如。

在印度一家豪华的餐厅里，突然钻进一条毒蛇。当这条毒蛇从餐桌下游走到一个女士的脚背上时，这女士虽然感到了是一条蛇，但她未慌乱，而是一动不动地让那条蛇爬了过去。然后她叫身边的侍童端来一盆牛奶放到了开着玻璃门的阳台上。

一位一起用餐的男士见此情景大吃一惊。他知道，在印度把牛奶放在阳台上，只能是引诱一条毒蛇。他意识到餐厅中有蛇，便抬眼向房顶和四周搜寻，没有发现。他断定蛇肯定在桌子下面。但他没有惊叫着跳起来，也没有警告大家注意毒蛇。而是沉着冷静地对大家说："我和大家打个赌，考一考大家的自制力。我数300下，这期间你们如能做到一动不动，我将输给你们50比索。否则，谁动了，谁就输掉50比索。"

于时，大家都一动不动了，当他数到280个数时，一条眼镜毒蛇向阳台那盆牛奶游去。他大喊一声扑上去，迅速把蛇关在玻璃门外。客人们见此情景都惊呼起来，而后纷纷夸赞这位男士的冷静与智慧，如果不是这一招，此间肯定有不少人的脚要乱动，只要碰撞到眼镜蛇，后果便可想而知了。

男士笑着指指那位女士说："她才是最沉着机智的人。"

面对危机最重要的是要保持沉着冷静，处变不惊。古人说："安静则治，暴久则乱。"如果心里先慌了，那么行动必然会乱。只有冷静沉着，才有可能思考出对策，转危为安。

女人要学会控制住自己的情绪，做到凡事处之泰然。有的女人情绪表露得非常明显，早上上班前跟老公斗个嘴，全公司的人都会知道，因为大家一眼就能看出来。这样是要不得的，谁会认为一个遇事就慌乱不堪，常常乱发脾气的女子美丽呢?

在生活、工作中，每个女人都会遭遇各种烦心事，这时候要静下心来，不要恼火，不要抱怨，因为冲动、烦躁、哭诉、谩骂都解决不了问题。当然，淡泊也不是一味地忍让与妥协，而是要做到客观地审视问题，并找到合理的方式来解决。能够处乱不惊，看云舒云卷、品庭前花开花落的女人才是最优雅的。

4. 悉心修炼品位、涵养、气度与胸怀

鲜花总是和绿叶枝头联系在一起，女人总是和美丽漂亮联系在一起。人们在评价一朵花美不美、艳不艳时，往往看它的整体效果好不好；人们在评价一个女人美不美时，往往看她们的内在和外在。外在的美一目了然，而内在的美却包含着很多因素，例如品位、涵养、气度与胸怀，等等。一个女人真正的吸引力源于内在的气质，如果你想用内在的气质吸引别人，那么就要注重内在气质的修炼。

首先，女人的气质美离不开品位的修炼。

每一个女人都是特别的，都应该有自己独特的品位。说到品位，很多人可能会想到奢侈品，其实品位与时尚或奢侈品并不是一回事，品位是一

个人观察事物的态度，同样的东西，在不同的态度下观察，就会产生不同的感受和看法。作为一个有气质的女人，在观察事物时应用欣赏的目光、用高级的品位去审视。

从某种程度上看，一个女人的品位与她的气质是相辅相成的，品位的高低决定了女人对新事物的看法，有独特品位的女人，才能发现事物的独特美。有品位的女人是成熟的女人，也是勇敢、干练、自信的女人，有品位的女人总是善于恰到好处地选择表达自身风情韵致的外在形态，使人产生可信的感受。因此，女人要保持和发展幽雅的风度，高尚的品位，就得注意自己的言行举止，博学多识，自立自强，自尊自爱，富有爱心。

其次，女人的气质美离不开涵养的修炼。

有涵养的女人往往会由内而外散发出一种高贵、优雅的气质，不论在什么场合，她们都不会由着自己的性子来。良好的涵养可以使她们学会克制自己的过激情绪，冷静下来理智地思考问题，审视自己的言行举止。

艾琳的老公是公司的总经理，他们非常恩爱。有一次，艾琳和同事一起逛街时，发现自己的丈夫跟一个和自己女儿差不多大的少女正在女士服装店里谈笑风生。凭借女人的直觉，艾琳明白了怎么回事，当时她非常生气，真想冲上去给丈夫和那个少女一人一个耳光。

然而，艾琳没有这么做，她冷静地走到丈夫的面前，笑着说："你们一起逛街呀？买什么呢？"见丈夫满脸尴尬，艾琳又说："没事，你们继续聊吧，我的朋友在那边等我呢！"说完，艾琳大大方方地走开了。

事后艾琳得知，原来丈夫和客户一起陪客户的女儿逛街买衣服，当时艾琳见到他们时，客户恰好去了洗手间，只剩下她的丈夫和客户的女儿在服装店。艾琳庆幸当时没有冲动，丈夫也开玩笑地说："亲爱的，真看不出来，你还很镇定。不过谢谢你没有发作，不然的话，我当时会很没面子。"

在与人交往中，一个女人是否有涵养，可以通过她的处事方式看出来。案例中的艾琳没有在大庭广众之下冲动地找丈夫理论，而是给丈夫留了一个台阶，给丈夫留了面子，这种冷静、智慧的做法，就是一种涵养的体现。反之，如果艾琳是一个没有涵养的女人，她会怎么做呢？她会冲上去，气愤地大骂丈夫，甚至会直接和那位少女“动武”，这不仅会让大家陷入尴尬，也让艾琳风度尽失。

有人曾举了一个例子，来说明没有涵养的女人是怎样一种形象：没有涵养的女人就如同叉着腿坐在咖啡店里的女人，在优雅的音乐声中，大声地搅动着勺子，大口地吮吸着杯子里的咖啡，当她接到电话时，会大声地说：“喂，谁呀？你还活着呢？”她染着满头鲜艳的头发，能把小孩子吓哭……这样的女人就是典型的没有涵养。

再次，女人的内在美离不开气度与胸怀的修炼。

提到气度与胸怀，很多女人首先想到的一定是男人，认为只有男人才应该有气度和胸怀。其实，如果你想成为有气质的女人，同样不能没有气度与胸怀。因为气度与胸怀，是心胸博大的表现，是意志坚强者动人的风采，它昭示的是做人的豪迈。女人大度一点，多一点宽容和包容，那么就容易获得别人的好感。尤其是在爱情中，气度与胸怀是感化男人的上佳办法。

有个女人发现老公与一个女网友关系密切，暧昧不断，于是找好朋友诉苦，好朋友对她说：“你别担心，别埋怨，把心放大一点，对他多一点关心，比如，专挑你男人爱吃的菜做，专说你男人爱听的话，就像没有那回事一样。”两个月后，这个女人告诉她的朋友，说她老公最近很少和那个女网友联系，并且对她更加疼爱了。

女人气度与胸怀是一种智慧，是看透了纷繁人生后所表现出来的从容、自信和超然。如果女人遇事能做到宽容，不但可以让自己及时释放心理垃圾，还能让别人因此获得感动、反省、悔悟。

法国伟大的浪漫主义作家雨果曾经有一句至理名言：“世界上最广阔

的是海洋，比海洋更广阔的是天空，比天空更广阔的是人的胸怀。”如果你以宽容的眼光去看待世界，那么你所看到的将是青山绿水、碧海蓝天，你给人留下的将是高大的形象，这种形象会让你看起来更加有魅力。

5. 优雅的外在形象是你的第一张名片

生活中，我们经常会看到这样一类女人：她们长相并不漂亮，但是看上去却很舒服。她们秀外慧中，穿着得体，打扮入时，既有慈母般的温柔，又有淑女般的贤惠，还有智者般的谈吐，给人一种优雅大方的外在形象。看到这样的女人，谁会不对她心生好感呢？

优雅的外在形象是女人最大的无形资本，是女人最大的竞争优势。有人曾对“女人在职场中最大的资本是什么”进行调查，发现能力占了40%，仅次于能力的是外在形象，占了33%，人际关系占了14%，学历8%，金钱和职位各占1%。而优雅的女人具备了外在形象和人际关系双重优势，即获得了47%的成功资本，如果她能力不差，是不是成功的可能性非常大呢？

国外有一份调查显示，在能力相当的情况下，外在形象优雅、气质好的女人要多赚5%的收入。可以说，一个优雅而有气质的职业形象的女人将给自己的事业带来额外收益。还有调查显示，一个阳光、举止得体的女人能比其他同事签下更多的客户，这在经济学上叫做“美丽贴水”。

其实，无论是在职场上，还是在生活中，优雅的外在形象都是女人的第一张名片。在职场上，良好的外在形象可以提高人的精神风貌，能让别人对你产生良好的认同感、信任感，在心理上获得一种愉悦，从而使别人愿意与你合作共事。在生活中，优雅的外在形象可以增加你的亲和力，让人愿意和你接近，和你交朋友，从而使你获得更多的交际快乐。

英国作家毛姆曾经说过："世界上没有丑女人，只有一些不懂得如何使自己看起来美丽的女人。"如果你的容貌不那么出众，你就要学会寻找自己独特的个性之美，更要注重内在气质的修养。

俗话说，女为悦己者容，女人也应该为自己容。所以，需要善待自己，好好打扮自己。美容大师克莱尔·玛娜有一个著名的打造百分百美人的公式：10分化妆+20分服装+20分首饰+20分皮包+30分姿色=100分美人。这与我们说的"三分长相，七分打扮"有异曲同工之妙。姿色难以改变，因此，我们要从化妆、服装、收拾、皮包等方面努力。那么，到底该怎么做呢？下面提供几点建议：

建议1：10分化妆要淡雅。

女人不会化妆，那就少了几分气质。化妆是一门学问，不会化妆、乱化妆的女人，只会给自己增加败笔。到底该怎么化妆呢？答案是化妆要干净利落、不留痕迹、清新淡雅。化妆最高的境界是似有若无。如果你想给人留下一个优雅的外形，最好别用蓝眼影、黑唇膏，即使艳红色的唇膏也要小心用。你的眉形要修得与脸型协调、眉影要打得自然清晰。千万不要画得又黑又浓，像一道挥之不去的炭痕。粉底要打得透明、细致，打粉底的时候要注意别让眉毛沾上，千万不可粗心大意。这样，你走出门才是一个清清爽爽的女人。

建议2：20分服装要得体。

衣服除了驱寒保暖、遮羞之外，还有一项重要的扬美抑丑功能。关于穿衣的学问，恐怕一本书也写不完，它的精髓在于"得体"。要知道，服装不分贵贱，长裙有长裙的飘逸，短裙有短裙的简约，牛仔裤有牛仔裤的精练，吊带小背心有吊带小背心的性感……不管哪一款，适合自己的才是最好的，这就叫得体。得体是首选，然后再考虑其他。女人穿衣服一定要结合自己年龄、身份、职业、场合来选择衣服，这样才能穿出品位、穿出气质、穿出个性、穿出自信、穿出优雅。

建议3：20分首饰要精美。

一个渴望美丽的女人，首饰绝对是不能少的，翠玉的手镯、本色陶土的项坠，还有猫眼儿、珍珠项链、铂金的指环、镶钻的耳钉和发卡，等等，懂得佩戴首饰的女人才能让自己充满珠光宝气，才会彰显个性，尽现从容与优雅。但是女人不宜佩戴太多的首饰，否则会显得浮夸。

建议4：20分皮包要简约。

皮包是优雅女人不可或缺的道具。皮包除了用来盛物之外，还有重要的装饰和搭配作用。皮包和鞋子一样重要，正确地使用会起到锦上添花的作用，错误地使用则是败笔。因为皮包不可能像衣服一样频繁地换，所以皮包从款式到做工到质地，都要选购上乘的，而且要与服装浑然一体，不可将就。有些皮包典雅，有些皮包古朴，有些皮包结珠缀金，非常精巧……提在手里，挎在肩上，都能让你成为优雅的女人。

建议5：30分姿色跟遗传有关。

相貌是与生俱来的，是父母遗传的，这要看你的造化。如果你没有动人的相貌，你不妨多读读书，让自己腹中有诗书气，让自己变得有内涵、有深度、有神韵；如果你没有出众的相貌，你不妨多一点儿温柔，多一点儿微笑，多一点儿大方和洒脱，这样你一样能成为优雅的女人。

6. 每天出门，请保持出镜般的妆容

清晨，每个职场女人都急着出门。尽管时间紧张，但是别忘了打扮一下自己，让自己保持出镜般的妆容。这样可以让你一整天都显得秀色可餐，让你更有信心面对一天的工作。对于大多数女人来说，打造出一款大方、优雅、简约的妆容非常重要。下面，就是打造女性完美妆容的

具体方案：

第一步：粉底。

粉底就是女人的第二肌肤，能给女人一个绝好的脸色，是彩妆发挥神奇效果的基础。在涂抹粉底时，一定要注意均匀涂抹，尽量把黑眼圈和雀斑遮掩起来。然后，再刷一层薄薄的散粉，你的脸色就会变得更加自然。

在选择粉底时，一定要选择与你肤色接近的粉底色。很多杂志上展现出模特那透明无瑕的皮肤，让女人们很是羡慕，其实那是优质粉底产生的效果。选择的粉底不宜太白，不然会有“浮”的感觉。

涂抹粉底时，不宜涂抹过厚，你可以用拍打的手法，在脸上薄薄地施上一层。要注意的是，发际与颈部的粉底一定要自然过渡，以免产生戴着“面具”似的感觉。另外，上粉底之前，最好在脸上涂抹营养霜，等营养霜完全吸收后再上粉，这样可以保证均匀的上粉效果。

第二步：修眉。

眉毛高挑，往往能显示出女人的柔媚和韵味，但是在职场，在办公室，最好选择眉形稍粗，眉峰稍锐的眉形，这样可以让女人显得能干而精明。如果你的眉毛比较杂乱，而且眉梢向下，你不妨用眉钳拔掉杂毛，再用小剪刀把眉毛修剪出比较清晰的眉形，如此，你的脸型瞬间就会焕发出奕奕的神采。

第三步：睫毛。

眼睛是心灵之窗，也是女人妆容的点睛之笔。而眼睛是否亮透，是否能起到画龙点睛的功效，很大程度上在于睫毛。这也不难，只要你有睫毛膏，便可以用睫毛刷蘸一点睫毛膏，然后从睫毛的根部开始向上刷，再往睫毛梢处刷，这样一来，睫毛的根部由于有足够的睫毛液，就会自然卷翘起来，你的双眸就会像放电一般，顿时充满神采。

第四步：腮红。

色彩俏丽的腮红可以把女人的脸部轮廓衬托得愈发娇俏，能恰到好处地展现女人柔美动人的特质。一般来说，腮红有这样三种：

第一种是花瓣型的腮红：是指由中心往外延伸，这种腮红可以让女人显得天真可爱，又带有一些害羞，让女人变得特别亲切可人，容易亲近。

第二种是贝壳型的腮红：是指由下往上，由长变短，沿着脸颊斜着刷，这样可以让女人的脸庞看起来显得瘦长。这种腮红对大脸和圆脸的女人而言，是不可缺少的装饰。

第三种是扇子型的腮红：是指由眼部开始，从中间往下画，就像一把扇子慢慢打开一样。这种腮红可以使原本没有神采的眼睛变得炯炯有光，神采奕奕。

第五步：红唇。

一个丰盈的红唇，可以瞬间彰显女人的动人。除了眼睛，唇部是女人妆容的第二个点睛之笔。如果你想体现出双唇的丰满和性感，你不妨先用唇线勾出一个诱人的唇形，再添上性感的水晶唇膏，让闪烁的光泽帮你营造魅力四射的气质。你也可以先涂抹一点唇膏，再抹上一点唇彩，让你的双唇变得更加柔润，充满性感与诱惑。

第六步：香氛。

女人没有香水的点缀，仿佛就失去了灵魂。因此，每天出门之前，女人不妨给自己加点香氛，让淡淡的芳香一整天都围绕在自己周围，也让这淡淡的芳香把男人的关注和赞美吸引过来。当你走在大街上，走在地铁里，坐在公交上，都有人为你的芳香而放慢脚步，为你的神采而倾慕于心。

第七步：表情。

再美好的妆容，也敌不过一个坏表情的破坏。有人说，女人最美的妆容是微笑，不错，如果你不懂得微笑示人，不注意控制自己的表情，那么纵然你每天早上出门有一个完美的妆容，你也难以释放自己的魅力。

无论是在严肃的工作场合，还是在轻松的休闲场合，你都不要把表情固定化。你可以微笑，也可以大笑，但绝不要板着脸。如此，你的精致合宜的妆容配上你笑容绽放的表情，你就是绝色的魅力女神了。

当然，这种积极的表情应该是发自内心的，能表露出你内心的愉悦，表达出你神经的舒缓，这样可以打破紧张工作中的僵局，消除周围人的戒备心理。这样，在强大的工作压力之下，你也能够游刃有余地应对。

7. 让自己的一举一动变得赏心悦目

一个女人的肢体动作、身体姿势，通常可以反映出她的内在。比如，步伐轻盈、矫健的女人，让人感到精神蓬勃、朝气焕发；步伐稳健、端正有力的女人，给人正派、沉着和自信的印象；步履蹒跚，弯腰驼背的女人，给人以丑陋庸俗、无知浅薄或精神压抑的印象。

又比如，当一个女人坐下时高跷二郎腿，或习惯性地抖腿，或随心所欲地搔痒，往往给人懒散、庸俗的印象；当一个女人坐下时，把双手夹在大腿中间，或垫在屁股底下，或叉开双腿，呈现“大”字形势，往往是失礼而不雅的，会给人留下缺乏教养、低俗、轻浮的不良印象。

一位美女穿着性感的超短裙、黑色丝袜及10厘米的高跟鞋，极好地展现了自己性感的身材。然而，她穿这身着装参加葬礼，当她出现在葬礼现场时，全场有些骚动和哗然。更让人接受不了的是，在葬礼现场，她和别人高声聊天，时而哈哈大笑，前仰后合，时而一惊一乍，窃窃私语，让人十分生厌。

作为女人，如果你想让自己的一举一动、外在形象变得赏心悦目，一定要注意自己的穿着打扮、言行举止是否与周围的环境和谐、合拍。在严肃的场合，如果你与人打打闹闹，笑得前仰后合，那么你会让人大跌眼镜；在轻松的场合，如果你双手抱胸，姿态拘谨，也会让人敬而远之。

俗话说得好：“站要有站相，坐要有坐相。”女人的举止体态，与其相貌同等重要，优雅的举动和体态，可以显示出女人的气质和风度。举止和体态主要是指坐姿、步态、站姿等。女人要记住，一个受人尊重、受人欢迎的女人，不一定是长相漂亮的女人，但一定是仪态得体，一举一动都合乎时宜的女人。

英国哲学家培根有一句名言："形体之美胜于颜色之美，而优雅的行为之美又胜于形体之美。"优雅端正的体态、敏捷协调的动作，才能给人留下美好的印象。女人若想让自己的一举一动变得赏心悦目，就有必要做到下面三点：

（1）大方自然的站姿

女人在站立时，应保持抬头挺胸，双眼平视，嘴唇微闭，下颌微收，上体自然挺拔，双肩持平，两只手臂自然下垂。站立时，你还应根据不同的着装调整站姿。当你穿短裙时，应该把两脚跟靠近，脚尖则自然分开；当你穿旗袍时，可以两脚微微分开，也可以双脚成"丁"字形站立，双手交叉，放在腹部的位置。当你站立时间较长，双腿疲惫时，不妨两腿交换着支撑身体，不着力的那只脚可适当弯曲，但上身要保持挺直。

在站立时，女人最忌讳的是弯腰、驼背、耷拉脑袋、腆着肚子。当有人与你交谈时，切忌身体摇晃，或东张西望，或表现得漫不经心，或靠着墙壁、倚着柜子，这样会让人觉得你萎靡不振、毫无朝气和活力。

（2）端正稳重的坐姿

正确的坐姿应该是这样的：

平缓地走到座位前，从容地转身，缓缓地坐下来。落座之后，上身要挺直，双手放在膝上，如果座位有扶手，可以把双手放在扶手上。坐下时，可以微微分开两腿，也可以合拢两腿。在与人谈话时，身体可以有适当的倾侧，以表明对别人的话题感兴趣。

女人一定要注意坐姿的雅观，尤其是当你穿超短裙时，千万不要大张双腿，以免"春光乍现"，既显得自己不文雅、不庄重，也会给别人留下媚俗的印象。落座之后，可以适当把裙子拢一下，可以双腿垂直于地面，也可以双腿向一侧倾斜叠放。如果你想挪动椅子，应先站起来，把椅子挪到欲坐处，再坐下去，而不要坐在椅子上挪动椅子，那样有违社交礼仪。

（3）优雅从容的走姿

行走时，女人应保证双眼正视前方，步伐轻盈、从容、平稳、有节奏感、直线行走。步伐不宜过快或过慢，过快给人一种急躁感，容易“急中出错”。步伐过慢，则显得没有精气神。走姿最忌讳的是，脚步不干净利落，拖泥带水，甚至让鞋底拖在地上。

值得注意的是，现代女性穿高跟鞋，一方面是为了增加身高，使身材显得高挑一点，其实还有一个目的，也许很多女人不知道，那就是为了收腹、提臀、挺胸，让女人走动时的身姿保持曲线美。所以，劝告不爱穿高跟鞋的女人，穿高度适当的高跟鞋，对塑造你的迷人外形是有益的。

8. 不能变年轻，就培养一颗高贵的心

女人长相再漂亮，身材再苗条，皮肤再细腻，也会随年龄的增长、随岁月的流逝慢慢变差。当有一天，你的年轻不再时，你觉得自己还能剩下什么呢？有内涵的女人剩下了内涵，有气质的女人剩下了气质，有修养的女人剩下了修养，有高贵之心的女人剩下了高贵，唯独仅有漂亮的女人不再漂亮。所以女人，是该成熟的时候了；是该重视修炼内心、丰富自己的内涵、提升自己的气质了，这样你才能有一颗高贵之心。

女人的高贵，靠的是自爱、自尊、自强。你若不爱自己，就别期望别人爱你。如果一段感情需要你牺牲自尊，那么你还是趁早放弃。因为今天你以自尊为代价得到的爱情，明天还是会失去的。在感情上，双方都是平等的，女人决不能为了一时的虚荣和物质的享受，就自轻自贱，降低身份投入男人的怀抱，那样很容易被男人轻视。

女人的高贵，靠的是精神修养，而不是物质堆砌。高贵的女人不会过分追求物质，不会为了蝇头小利或黄金万两而出卖自己的灵魂。高贵的女人知道，但凡能用金钱买到的东西，都是浅薄的。她们在乎的不是爱人给自己买了什么，而是在乎爱人对自己是否有心，是否重视自己。如果爱人能够忧自己所忧，乐自己所乐，那么她们就会感到心满意足。

女人的高贵，不是高高在上，不把别人放在眼里，而是尊重他人、平易近人、友善待人。高贵不是建立在贬低别人的基础之上的，而是处处维护他人自尊，时时呵护他人的灵魂，在别人困难的时候予以帮助，在别人落魄的时候予以扶持，在别人成功的时候真心祝福。这样的女人才会真正受人敬佩，从而变得形象高大、气质高贵。

女人的高贵，离不开丰富的内心世界。高贵的女人喜欢干干净净的文字，喜欢文字带给内心的感动；高贵的女人喜欢灵动的音乐，喜欢音乐带给内心的触动；高贵的女人喜欢交友，交挚友、交诤友，在交友中交流思想，增进知识、增加阅历。高贵的女人大气、洒脱、真实、友善，高贵的女人是优雅迷人的，就像宛转悠扬的长笛声，给人无限遐想。

女人的高贵不是天生的，而是源于后天的学习和修炼：

学会从容、淡然。虽然你不能像孟子说的那样“富贵不能淫，威武不能屈，贫贱不能移”，但是你可以学习宠辱不惊的从容，学习无欲则刚的淡然。对于天上突然掉下的馅饼，你可以微微一笑，但绝不要动心，因为天下没有免费的午餐。

学会如何承受痛苦。在面对打击和痛苦时，即便你内心惊涛骇浪，表面上你也应该学会波澜不惊、平静宜人。如果你像抱怨的祥林嫂那样四处哭诉，别人就会看轻你。学会承受痛苦，你才会慢慢成长起来。

学会坚持原则，学会说不。小事可以糊涂，大事则要坚持原则，保持自己的主见。哪怕是最爱的人，你可以全身心地去爱他，可以去宠他，但是到了关键时刻，你也要坚持原则，学会说不，而不要让别人做你思想的主人，驾驭你的灵魂。

学会打造自己的形象。虽然女人的气质更多地倚重内在，但外在形象犹如名片，一个穿着得体、干干净净、淡妆优雅的女人，无论是在生活中，还是在职场上，都会给别人留下好印象。穿着打扮适合自己就好，穿出自己的个性，也是一种高贵大方。

学会宽容。世间万象，对与错是相对的，也许你的姐妹通过嫁人走上了衣食无忧，甚至锦衣玉食的生活，而自尊心强的你却偏偏相信女人只有靠自己，这个时候你应该对姐妹多一些宽容，多一些理解。毕竟人各有志，人的生活理念和追求也不同，每个人都有选择自己人生道路的权利。因此，没必要对她们进行不友好的评价，学会尊重她们的选择，才能让自己多一份自在。

学会保持热忱。高贵的女人是不缺少热忱的，有热忱的女人，无论是工作还是生活，都是一个积极行动者。她们踏实、勤奋、敬业，即便工作很普通，即便生活很艰难，她们也会用热忱之心去面对。这样的女人会充满感染力，很容易赢得别人的敬意。

学会把握家庭和事业之间的平衡。高贵的女人是“走钢丝”的好手，她们善于在家庭和事业之间求得平衡。也许她们看似非常忙碌，看起来险象环生，但她们却能在一阵忙碌之后，再次展现出一副悠然美态。她们的角色不会一成不变，在职场中，她们是优秀的员工或领袖，在家庭中，她们又是贤妻良母。在什么场合，扮演什么角色，她们总能做到游刃有余。

9. 时尚让你永远成为焦点

当一个人走在流行前面时，那叫前卫；当一个人落在流行后面时，那叫落伍或叫保守；当一个人和流行同步时，那才叫时尚。如果你懂得追求时尚，那么你将会成为一道风景，女人会仿效你，男人会欣赏你。时尚会让你成为永远的焦点，会让你成为生活的宠儿，快乐青睐你，幸福靠近你。

服装大师安妮·克莱恩曾经说过：“衣服不会改变世界，穿着它们的女人才会。”言外之意是，你所穿的衣服不能代表你，你用衣服展现出来的这个人才能代表你。一个追求时尚的女人是一个喜欢投资购衣、喜欢打理自己的女人；一个追求时尚的女人是活色生香、气质非凡的女人；一个追求时尚的女人，总能把昂贵与低廉的服装巧妙地搭配起来，把奢侈品与地摊货巧妙组合起来。

在男人眼里，时尚的女人是有魅力的女人；在女人眼里，时尚的女人是最摩登的女人。在如今这个个性张扬的时代，女人不必那么矜持，那么伪装，真实、舒服、自然、洒脱才是女人应该追求的目标。可以说，追求美丽、追求时尚，是现代女人最真实的一面。所以，想开点，努力做一个追求时尚的新女性吧。

女人们要注意的是，追求时尚不是说用奇装异服来树立自己的形象，因为这不叫时尚，而叫哗众取宠；也不是说用名牌来包装自己，因为这也不叫时尚，而叫炫耀。如果一个女人一味地用奇装异服或名牌服装包装自己，那么她会在不知不觉中失去自我，变成时尚的奴隶。那么，女人该怎样追求时尚呢？

第一，衣服不用太贵，但要与自己的气质匹配。

女人在追求时尚服装的时候，不必刻意求贵，也不必非要买品牌。因为品牌的服装不一定最适合自己，而且品牌的服饰往往价格不菲。有时候，购买一件品牌服装花的钱可以购买十件非品牌的衣服。而且一件衣服质地再好，生命力也是有限的。因此，为何不退而求其次，用购买品牌服装的钱购买多件适合你的衣服呢？

聪明的你在选购服装的时候，应该坚持“不求最贵，但求最好”的原则。很多女人善于淘衣服，总能在逛街的时候，在反复的试穿中选出最适合自己的那件。她们还善于用不同的方式买到自己满意、价格合理的衣服，比如网络购物，因为同样的衣服，网上购买会便宜很多。

第二，注重搭配，把10件衣服穿出20件的效果。

衣服不在多，而在于巧妙搭配。生活中，有些女人的衣柜里塞满了衣服，但每次约会或出席重要的场合之前，把所有的衣服都拿出来试了一通，仍然觉得没有衣服可穿。而有的女人擅长搭配，虽然只有10件衣服，但却能穿出20件衣服的效果。

比如，一件上衣与不同的裤子或裙子搭配，就能产生不同的效果，或者同样的裤子或裙子搭配不同的上衣，也能产生不同的风情。聪明的女人发现一件漂亮的衣服时，不会冲动地买下，而是会先思考一下：这件衣服和我衣橱里的哪件衣服相配，或者琢磨——我能轻松买到与这件衣服相配的衣服吗？

第三，充分利用配饰，把平淡无奇的衣服穿出别样的效果。

追求时尚不是要你彻头彻尾地改变，而往往是一个小配饰的变化，就能演变出不同的风格。比如，丝巾、项链这类配饰看似不怎么起眼，但往往能折射出一个女人的品味。聪明的女人懂得利用这些配饰装扮自己，使自己的穿着更加出彩，从而渲染出不同的自己。

举个例子，小巧的耳钉能很好地表现出女人的精致，而夸张的耳坠能显得女人味十足，金色的挎包可以凸显女人的优雅，较大的单肩包则能表现出女人的随性。你在穿衣服的时候，不妨精心挑选不同的配饰，从而点缀出自己的独特气质。也许你的裙子平淡无奇，但是换上一根腰带，就能让你变成时尚女郎。

第四，在任何场合，都要让自己秀色可餐、暗香浮动。

有些女人经常不修边幅，穿着牛仔裤、运动鞋，整天一副素面朝天的样子，看似有一种清纯的美，可是男人并不喜欢随随便便的女人。女人要想让自己变得更有吸引力，就从脸上下功夫，把自己打扮得精致一点吧。当然，这样做不仅是为了男人，更是为了自己。因为追求美丽对于女人而言是永恒的目标，女人的漂亮在出生的时候就注定了，但是女人的美丽却是在后天修炼而成的。

一位哲人曾说过："任何外表的美如果没有内在的气质加以修饰，那都是不完美的。"因此，女人一定要不断充实自己的内心。因为女人的衰老是无法阻挡的，但女人的成熟气质却可以随着年龄的增长而更加脱俗。所以，女人要尽量多学点知识，加强个人修养，让丈夫赏心悦目，让孩子以你为荣，让朋友忍不住欣赏。这样的女人才是大家心目中的焦点。

10. 内外兼修的美丽，不会因为年龄而消退

撒切尔夫人辞世后，网上出现这样一条微博："惊闻英国前首相撒切尔夫人去世。她是20世纪后期最了不起的政治家之一。她的明澈智慧，参与了'推倒柏林墙'的伟大事业，一切从极权政治下获得解放的人应该永远铭记这位伟大的美丽女性。"前苏联领导人戈尔巴乔夫说："玛格丽特·撒切尔是一名伟大的政治家，一个聪明的人。她会永存于我们的记忆和历史中。"

撒切尔夫人从一个杂货商的女儿，一步步靠着自身的坚持和信念成为英国保守党领导人，带领保守党赢得大选，成为英国第一位女首相，并连任三届，共11年。她的聪慧是毋庸置疑的。对于她的政绩，很多人到现在还在惊叹："她是怎么做到的？"

德国前总统理查德·冯·魏茨泽克说："她完成了棘手的工作。玛格丽特·撒切尔实现目标所花的精力是绝无仅有的。"

在德国作家韦尔纳·比尔曼所著的《权力巅峰的爱》一书里，有这样一段描述：

爱德维娜·居里描述了玛格丽特·撒切尔怎样将她的政治家同事玩弄于股掌之间，一旦她希望从他们那儿得到什么，“人们能够观察到，她怎样将手放在一个男人的肩膀上，盯着他的眼睛说：我亲爱的，你会选我的，对吗？”就像居里所说，她是一头母狮子，为了一大群男人而奋斗，同时以高效能胜过竞争者。撒切尔根据不同的需要变换角色：她以这种方式来解决国内问题，她是耐心但有极大权威的老师；她是让人平静却又炮制苦口良药的可爱的护士；她还是燃烧的爱国主义和不列颠的体现，如果必须用剑，她将保卫王国的荣誉和主权。英国人在20世纪70年代末期显然渴望有这样的战士。

相信很多年轻女孩都知道，2007年第六届中国国际美容时尚周组委会、北京电视台等19家主流媒体联合评选“2007中国最美50女人”时，杨澜位居榜首。可是单论外表，杨澜并不是最美丽的，但是她的智慧、知性和典雅大方让所有人觉得这才是真正的美丽女性。

就像杨澜说的：“我想‘漂亮’一般不光是指外貌，我觉得女人的美丽更主要是在思想上面。我曾经问过许多大导演：‘你们整天生活在美女堆里，是不是老要动感情？’他们就说：‘没有，许多女人只有漂亮的脸蛋，根本没法触动我们。’所以，一个女人的思想很重要，如果跟不上时代，总以为涂脂抹粉就可以留住男人的心，我觉得那是一种妄想，只有在思想上不断挑战他，才会给男人一种新鲜感和刺激感，这非常重要。”

智慧源自丰富的头脑。在这样一个日新月异的时代，如果你停止学习，不只是会在生活中变得懵懂无知，而且也会渐渐失去自身的魅力。

孟子将内在美理解为“充实”，“充实之谓美，充实而有光辉之谓大”。近代才女林徽因虽然在晚年饱受病痛折磨，憔悴不堪，但她由于饱读诗书而造就的那种清灵超逸的气质却打动了无数的人。直到今天，我们已然将对她的回忆定格在那张灵秀的笑脸上，并由此充溢着对唯美的憧憬。

杨澜说：“一个人的气质是指一个人内在涵养或修养的外在体现。气质是内在的不自觉的外露，而不仅是表面功夫。如果胸无点墨，那任凭用再华丽的衣服装饰，这人也是毫无气质可言的，反而给别人肤浅的感觉。”

所以，女人如果想要提升自己的气质，做到气质出众，除了穿着得体，说话有分寸之外，还要不断提高自己的知识、品德修养，不断丰富自己。

最简单的方式就是常到书店转转，选几本好书。一个女人的风度、气质、智慧、修养其实是和书密不可分的。读书能为女人更添风韵，即使不涂脂抹粉也能神采奕奕、风度翩翩。读书能使女人更靓丽，大方而不失幽默、端庄而不显轻佻。读书能使女人思维活跃，心境开阔，通情达理，人见人爱。读书的女人是美丽的女人；读书的女人是有魅力的女人；读书的女人是优雅的女人；读书的女人是成熟的女人。

书让女人变得聪慧，变得坚韧，变得成熟。使女人懂得包装外表固然重要，而更重要的是心灵的滋润。正如余秋雨先生说的：“读书可以使自己成为一个健全的人、可爱的人、健康的人。”

美貌会凋谢，智慧却会增加。智慧不仅来自学历，更重要的是来自生活体验后的感悟和总结。人生不同阶段有不同的智慧和理念，可以互补，但是不可互相代替。特别是在多元文化、高素质群体的大环境下，智慧更是脱颖而出的必备因素，因为视野一开阔，外表的美丽就在人们眼中变得习以为常了。而且，如果一位美丽的女人不把美丽作为利用的资本，而是靠实力进取，那么她才是智慧的美人。

岁月可以夺走财富、金钱、地位，甚至夺走美貌、青春和健康，但它不能带走思想、不能带走情怀、也不能带走智慧，这才是女人真正的魅力所在。

第七张牌 嘴甜：会说话的女人走到哪儿都吃香

气质优雅的女人，往往口齿流利、谈吐大方，知道什么时候该说什么话，兼顾幽默风趣。当她们张开嘴时，口中吐出的是具有独特芳香的“莲花”，这样的女人走到哪里，都能给人留下美好的印象。如果你也想成为这样的女人，不妨从今天开始，培养自己的口才，为自己的气质增添一抹亮色！

1. 嘴甜的女人，走到哪儿都吃香

俗话说："一句话能把人说笑，一句话也能把人说跳。"嘴甜的女人可以口吐莲花，把话说得滴水不漏，让人心情舒畅；不会说话的女人则能把人说得血压升高，让人好心情烟消云散，甚至会引起严重人际纠纷和矛盾。小梅就是这样的女人，经常说错话，不知得罪了多少人。她也感觉很郁闷，明明是一片好心，但却办了坏事，搞得人际关系充满了阻碍。

早上，领导刚一进办公室，小梅就发现领导的头发乌黑发亮。她想恭维领导一番，就说："啊呀，王总今天用了什么法宝？头发那么亮，人也很精神，年轻了好几岁啊！"领导表情有些尴尬，哈哈两句就走进了办公室。过了一会儿，同事悄悄对小梅说："领导戴的是假发，他秃头你不知道吗？"

下午，小梅见同事小樱和一位成熟的男人在公司门口，她想这肯定是小樱的父亲，就过去对小樱说："这是你爸吧？虽然年纪大了，但依然风度翩翩，难怪有这么漂亮的女儿。"小樱红着脸，不高兴地说："胡说什么呀，这是我男朋友。"

晚上，小梅拎着一些水果，陪着丈夫去医院探望姑妈，嘘寒问暖，姑妈很高兴。过了一会儿，姑妈让他们早点回家，说他们明天还要早起上班。小梅想多陪姑妈一会儿，就脱口道："我周末带儿子去动物园看猴子都不止这么一会儿呢，没事，我多陪你一会儿。"气得姑妈血压升高，小梅却毫无知觉。

生活中，就算你在行为上、物质上、内心里都是出于好意，但由于你措辞不当，说错了话，别人对你的感激之情也会瞬间烟消云散。结果你不但没得到别人的好感，反而让别人厌烦。小梅就是一面镜子，在人际交往中，我们一定要引以为戒。如果你不确定说出的话别人是否高兴，你不妨谨慎开口，免得祸从口出。

女人一定要明白，说话不仅是一种生理功能，更是一种生存能力。看看那些会说话的女人，纵然只言片语，也能绕梁三日，让人高兴好几天；哪怕口若悬河，也不会让听众生厌，反倒让人视其为一种享受。语言就是这么神奇，其魅力就是这么强大。

嘴甜的女人走到哪儿都吃香，在职场谁也夺不走她的饭碗；在情场，谁也无法盖过她的魅力；在婚姻中，没有不招丈夫和家人疼的。大家熟悉的《红楼梦》中的王熙凤，就是这样典型的一个女人。在《红楼梦》第三回中，林黛玉的父亲去世之后，她进了京城，来到荣国府，王熙凤说的几段话非常有水平，特别招人喜欢。

人未到，就先听到了王熙凤的声音："我来迟了，不曾迎接远客！"王熙凤还没有出场，就给人一种热情好客的印象。

见到林黛玉之后，王熙凤拉着她的手，上下打量了一番，然后把林黛玉拉到贾母身边坐下，笑着说："天下竟然有这样标致的人物，我今儿算是见到了！况且这通身的气派，竟不像老祖宗的外孙女儿，竟是个嫡亲的孙女儿，怨不得老祖宗天天口头心头一时不忘。只可怜我这妹妹这样命苦……"

一席话，说得贾母悲中含喜，心里舒坦，说得林黛玉情动于衷，感激涕零。当贾母半嗔半怪地说："不要再让黛玉伤心了。"王熙凤马上话头一转，说："正是呢！我一见了妹妹，一心都在她身上了，又是喜欢，又是伤心，竟忘了老祖宗。该打，该打！"

王熙凤的话可谓滴水不漏，让人心生感动。在现代社会，这样会说话的女人不乏其人。她们身处不同的社会环境，从事不同的职业，在自己的领域里都有不俗的表现。她们有高深的说话功力，无论走到哪里都吃香，都会迅速与周围的人打成一片，赢得良好的人际关系。

值得注意的是，女人会说话不仅仅是要嘴皮子那么简单，会说话是一种可贵的口才，不但有技巧和功力，还要有深刻的思想内涵。会说话的女人在说话的时候懂得看场合、分对象，在求人办事之前懂得根据人物的喜好恭维别人，懂得投其所好，而且还不乏幽默。所以，我们要锻炼好口才，成为一个口吐莲花、说话滴水不漏的好命女人。

2. 磁性的声音可以征服男人

在生活中，我们常常会发现一些女人的声音很有磁性，我们在和她们交谈的时候，会觉得非常舒服，以至于不忍心拒绝对方的要求，不忍心打断对方的谈话，甚至愿意一直倾听下去。这种磁性的声音往往具有非凡的吸引力和魅力，能够抓住人心，尤其是男人的心，所以一般来说当女人以这样的声音来和别人交谈的时候，通常都会取得事半功倍的交际效果。

事实上磁性的声音往往让人印象深刻，比如英国 BBC 的一个电视节目曾经播放了几位世界级领袖人物的演讲片段，其中包括撒切尔夫人、伊丽莎白女王等女性政要，要求听众辨别她们的声音，结果听众几乎都能够准确地说出她们的名字。很显然，这些人的声音都具有独特的气质和特色，而且富有强大的磁性。

几个月之后，BBC 再次做了一次调查研究，调研小组选择了不同类型的女性，然后让她们劝说那些喜欢在公共场合吸烟的成年男性，结果研究人员发现那些声音富有磁性的女人在劝说的过程中，往往收效甚大，男子们大都愿意立即熄灭手中的香烟。

通过这两次的研究，调研人员证实了一个观点，那就是声音很有磁性的女人通常都具有强大的吸引力，都能够让人印象深刻。其实想要解释磁性声音的魅力，就需要了解这种声音的特点。其实在德语中，“催眠”和“磁性”是同一个词，因为在古代的欧洲，催眠就是一种磁化方式，比如很多催眠大师的声音就具有磁性，他们在和你交谈的时候，能够慢慢引导你放松自己的状态。这样，我们就不难理解为什么很多男人很容易为之着迷，就是因为磁性的声音往往让人放松，让人信任并感到安全，它能够让你产生很强的依赖感。

比如，很多人都听过歌手蔡琴的声音，这种声音听起来并不温婉，也并不清丽高亢，而是一种浑厚的、偏于低沉的感觉，听起来很有厚度和韵味，让人印象深刻，相信很多歌迷在听蔡琴唱歌的时候会显得很平静，觉得很放松。据说很多工作压力很大的中年男子会选择听蔡琴的歌，要么就去现场参加她的演唱会，因为通过听歌，她们的身心往往能够得到很大的放松。

可以说磁性的声音往往很性感，具备特殊的穿透力，能够直指人心，让人由内到外感到放松，能够让人产生依赖的感觉，因此非常适合用于交际，尤其是在和男性交往的过程中，磁性的声音更能够让女人魅力四射。正因为如此，女性在人际交往和交谈的过程中，应该努力打造一副好嗓子，要尽量让自己的声音听起来更有磁性。那么，怎样说话，才能够提升声音的磁性呢?

首先，磁性的声音比较低沉，因此女人在说话的时候要注意降低自己的声调，把声音压低一些不仅能够增加声音的厚度和稳定性，而且还显示出一种谦卑的低姿态，这种姿态通常更让人感到放心。

很多女性的主持人和记者在采访嘉宾的时候，往往都会刻意压低自己的声音，而这种低沉的声音往往能够衬托出嘉宾的地位，让对方感受到足够的尊重，所以最后采访的效果往往会比较好一些。

其次，要注意增加声音的浑厚度，也就是说声音要有厚度，不能显得太飘，想要达到这种效果，就需要充沛的气息，要注意在说话的时候呼吸，要尽量保持气息的充沛，比如说话的时候发音要完整，不能含糊带过，而且语速要适中，不能太快，也不能太慢。

一般来说，女人的声音比较尖锐高亢，实际上这种声音往往带有一定的攻击性，尤其是当男女之间出现分歧的时候容易诱发矛盾冲突。而声音圆润浑厚的女人，往往显得比较厚实，有一种不卑不亢的感觉，让人觉得中气十足，这样的女人通常都值得尊重。而且这种声音听起来比较有韵味，让人感觉到她是一个有故事的女人。

第三，要注意共鸣，所谓的共鸣就是要做到胸腔、口腔、鼻腔的共鸣，要做到共鸣，那么在说话的时候要注意张大嘴说话，而不是微微闭着嘴咬着牙齿细声细语。同时还要放松喉咙，增加呼吸量好让鼻腔和胸腔也能产生共鸣，这样一来声音就可以更加有穿透力。

很多歌手其实都经过培训，她们知道该如何去发声，知道如何增加声音的穿透力，而歌迷往往有这样的感觉，一些女歌手在演唱的时候，明明声音不很高亢，但是你仍然能够在嘈杂狂热的呐喊中听清她们的发音，就是因为这些共鸣声很有力度。

其实对于一个女人而言，声音往往也是人际交往的一个工具，拥有好声音的女人，往往在交际中更占优势，更具人缘，而磁性的声音更是让她们女人味十足。所以平时一定要注意练习，要懂得妥善包装自己的声音，从而增加自己的魅力。

3. 女人怎么说，男人才肯听

在女人的一生中，不可避免地要和男人打交道。一个会说话的女人在公司中受同事欢迎，在恋爱中讨男朋友喜欢，结婚之后被老公宠爱。而一个不会说话的女人，则处处惹恼男人，搞得人际关系紧张，婚姻爱情危机重重。

有个女人有一句口头禅："难道这样不对吗？"她想让老公穿得体面一点，想让老公讲卫生，想让老公少喝酒，但是每次都会惹恼老公，因为她总是会说："难道这样不对吗？"老公说："对是对，但是你那样说我不爱听。"结果，他们常常大吵一架。

生活中，你是否发现这样一类女人：她们说话有道理，但是却不被男人认同；她们的建议很中肯，但是却不被男人接受；她们的心意是好的，但是却被男人当成"驴肝肺"。为什么会这样呢？究其原因，就是因为她们不会说话。

那么，怎样说话才能受男人欢迎呢？怎么说话男人才肯听呢？

技巧1：用温柔化解男人的刚烈脾性。

男人纵然是钢筋铁骨，男人纵然不苟言笑，只要听到女人温柔的话语，也会不由自主地柔和起来。温柔是女人感化男人的最佳武器。当女人和男人发生冲突时，与其高声争吵，不如温柔低泣；当女人和男人意见不一致时，与其争辩，不如微笑认同；当男人犯错时，女人与其大声批评，不如委婉提醒。总之，温柔的女人比"男人婆"更容易化解男人的刚烈脾性，更容易俘获男人的心，更容易赢得男人的好感。

技巧2：用赞美突破男人的心理防线。

对男人来说，同性的一百句赞美，抵不上女人的一句鼓励有效。有人说，男人之所以努力奋斗，很大原因是身后有女人的崇拜和欣赏。所以，女人千万不要吝啬赞美，尤其是对你的男朋友、你的老公。当男人表现突出时，你对他说："你真行"、"令人难以置信"之类的话，不仅能给他们极大的激励和勇气，让其更有信心，还很容易俘获他们的心，赢得他们的好感。如果你经常赞美男人，那么你说出的话男人更愿意听。

技巧3：用请教满足男人的虚荣心。

男人在任何时候，都希望被女人请教。当你征求他的意见时，能满足他被关注、被需要、被崇拜的心理，他会非常乐意向你提供各种建议和帮助。同时，他也会对你产生好感。因此，你说出的话，他也更加愿意听。

技巧4：用“委婉”维护男人的面子。

男人都是要面子的，女人一定要掌握男人的这种心理，在该给他面子的时候，一定要给足。这样你才会赢得男人的心，从而营造良好的人际关系，营造和谐的夫妻关系。很多女人希望自己的丈夫对自己惟命是从，于是很多男人被冠以“妻管严”之称。但真正聪明的女人不会管着丈夫，而是懂得在外面给男人面子。男人在外面有了面子，自然会更加爱女人，自然会听女人的话。

在日常生活中，聪明的女人懂得从小事上维护丈夫的面子。她们绝对不会对丈夫说：“想当初，你只是一个穷小子，为了讨好我，一天看我三次，连我的内衣内裤都抢着洗。”她们也不会在别人面前说自己的丈夫：“他一点儿都不老实，见到漂亮姑娘就走不动了，你们可要帮忙监督着他！”相反，她们会在别人面前夸奖自己的丈夫，让丈夫很有面子，这样的女人怎么不受宠呢？这样的女人说话男人怎么会不听呢？

技巧5：用倾听接纳男人的喜怒哀乐。

有一个机构曾做过一项调查，调查报告里引用了一位心理学家说过的话：“作为一个妻子，应该做好一件重要的事情，那就是让丈夫在自己的面前尽情地倾诉内心的苦恼。”妻子是什么？妻子是丈夫的“镇定剂”，妻子是丈夫的“共鸣器”，妻子是丈夫的“防哭墙”，妻子还是丈夫的“加油站”。

对于男人的倾诉，女人要认真地倾听，千万不要表现出不耐烦、心不在焉。其实，作为女人你也有同感，你也想和男朋友或丈夫倾诉一天发生的事情。如果他爱答不理，或假装倾听，但实际上早已走神，你肯定会觉得自己不受重视，自己的感受不被在意，男人也会有这种心理。因此，聪明的女人一定要善于倾听男人的心声，接纳男人的喜怒哀乐，并适当地给男人一些安慰和鼓励。如果你这样做，男人一定会更加喜欢你，更加爱你，更加听你的话。

4. 说话看对象——见什么人说什么话

一言可以兴邦，一言也可以丧邦。语言的力量就是这么神奇，既能给人带来沮丧和恼怒，也能给人带来勇气和欢笑，关键就是看你会不会说话。

我们知道，在与人交谈时，话是说给别人听的，因此，说话时要考虑听话对象的身份地位、个性特点、兴趣爱好等投其所好，这样别人才爱听你说，你才能创造一种和谐、融洽的气氛，达到说话的目的。

俗话说："看人下菜碟。"说话就应该见什么人说什么话，这不是逢场作戏，也不是曲意谄媚，更不是虚伪狡诈，而是一种高明的说话艺术。其目的是让别人对你产生好感，与他人进行有效地交流，从而达到顺利办事的目的。

身为女人，说话一定要看对象，同样一句话，你说给张三听，张三会笑眯眯地和你握手，帮你办事。你说给李四听，李四可能勃然大怒，赶你出门。因此，坚持因人而异的说话原则是非常有必要的，有的放矢措辞准确，才能更好地打动人心。

要想针对不同的对象说对方爱听的话，你在说话之前，就应该大概了解对方是什么样的人。这包括了解对方的身份、地位、角色，还包括了解对方的脾气秉性，以及对方和你关系的亲近程度，等等。

和领导说话，你应该言辞谨慎，毕恭毕敬。这对领导是一种尊重，能让领导感到有面子，有助于赢得领导的好感。否则，一旦语言过激，措辞不当，就容易惹恼上司，这对你没什么好处。

艳艳参加工作不久，有一天，她冲到领导办公室抱怨：“总经理，我工作努力，短时间给公司创造了很好的业绩，大家都有目共睹。你为什么不提拔我？不给我加薪？”

领导先是一惊，大怒：“工作努力就了不起了？给公司创造业绩了就了不起了？就冲你这态度，我不会提拔你、也不给你加薪，你爱干不干……”

大多数领导都是好面子的，如果你不顾对方的面子，心急火燎地与之来硬的，无疑是鸡蛋碰石头，事情没办成，反而碰得头破血流。如果艳艳懂得委婉、谦虚地说话，暗示领导提拔自己，给自己加薪，或许更有效。

和同事说话，你应该多一点谦虚，多一点赞美。同事之间，表面上“你好我好大家好”，实际上暗中相互较劲，都希望自己比别人强。因此，如果你与同事说话时谦虚一点，对别人多一点赞美，那么更容易赢得大家的好感，获得大家的帮助。

和男朋友或老公说话，应该多一点理解，多一点鼓励。男人需要被肯定，特别是女朋友和老婆的夸奖，夸奖要切中要害、要适度，不要过分渲染，否则会显得虚伪。比如，有个女人很聪明，她的老公是一位临时工，没钱也没地位。她经常在床头对老公说：“虽然你目前工作不稳定，在单位也没什么地位，但是在这个家中，在我心里，你是顶天立地的男子汉。”这句话给了老公很大的鼓励，让老公充满动力。

和长辈说话，应该多一点柔情，多一点示弱。女人在和父母或公公婆婆说话时，应该做到尊重老人，关心老人，体贴老人，如此，才能让老人感受到晚辈的孝顺，这样你才能和长辈愉快相处。

在日常交际中，女人说话还要考虑别人的知识水平，以保证顺利地交流。比如，有一个笑话，说的是有位数学老师在食堂吃饭时，对窗口的工作人员说：“请给我一又二分之一个馒头。”工作人员只给他一个馒头，他说：“还有二分之一个馒头呢？”工作人员不明白，问：“你要两个啊？”于是又给他一个馒头，他急了：“我要的是一又二分之一个馒头。”工作人员更急了："你到底要几个？没事瞎捣什么乱啊？"

这位数学老师并不是成心捣乱，而是不会说话，他在说话的时候没有考虑到听话者的知识水平，过于迂腐，言语不通俗，难怪食堂的工作人员听不懂，也确实让人感到厌烦。此外，女人说话还要考虑别人的脾气秉性，针对对方的性格特点和文化水平来组织语言，这样才能搞好人际关系。

与沉默寡言的人打交道时，你最好采取直截了当的方式与之对话，比如，你直接问他："我有两种办法，第一种是……第二种是……你觉得哪个好？"

与傲慢无理的人打交道，你的语言应该简洁有力，切忌啰唆，因为多说无益。再者，与这种人打交道要小心为上，不要得罪他们，免得吃亏上当。

与优柔寡断的人打交道，你应牢牢抓住主动权，用自信的口气与他说话，多用一些肯定性的语言，多做出回报性的承诺。如此，才能赢得他们的帮助。

与知识渊博的人打交道，你应该多听少说，同时还要适时给予真诚的赞许。说话要抓住要点，不宜废话连篇，这样更容易达到办事目的。

与性格急躁的人说话，要保持饱满的精神，清楚、准确而又有效地回答对方的提问，不宜拖泥带水，否则他们可能失去耐心。

与猜疑心重的人打交道，你要表现出足够的诚意，对他的疑惑和担忧表达足够的重视，比如："你的担心是有必要的，我也考虑过这个问题……"。这样一来，他会更加信任你，从而给你提供帮助。

5. 切记：说话看情况，别"哪壶不开提哪壶"

俗话说："哪壶不开提哪壶。"指的就是不会看场合、分对象说话，比如，戳人伤疤、揭人短处，在喜庆的场合说丧气的话，在丧气的场合说喜庆的话，在吃饭的场合说龌龊的话，等等。哪壶不开提哪壶是不妥的，是失礼的，是不尊重他人的，是很容易得罪人的。如果你不信，可以试一试，不被人骂得狗血喷头，怒目而视算你幸运。

失恋的时候，人的情绪反应强烈，内心痛苦不堪。这不，薛雪的一个朋友最近失恋了，情绪特别低落，疯狂地吃零食，于是她劝慰朋友说：“失恋就失恋，没什么大不了的，何必在一棵树上吊死呢！”朋友听了这话，当即拍桌子对她叫道：“你别站着说话不腰疼，又不是你失恋，你在这里瞎嚷什么？”薛雪一下子惊呆了，因为平时她的这个朋友非常温和，她想不通朋友说话为什么变得这么粗暴。

站在一旁说风凉话，这是安慰人吗？谁听了不生气呢？一个说话不看情况的人不仅可悲，更是可恨，可悲的是她一生很难有真正的好朋友；可恨的是，揭人伤疤，戳人痛处，让人勾起一段不快乐的回忆。

张亮精心准备一个星期的企划案被上司“枪毙”了，原因不是他的企划案不精彩，而是因为他的企划案和另一位竞争对手的企划案太相似。上司怀疑张亮抄袭别人，或模仿得太像，所以，狠狠批评了张亮，还以张亮为反面教材，警告大家今后一定要有创新思想。

一周之后，李娜因为新的企划案正在发愁，就请教张亮：“张亮，上次你的那份企划案的创意是怎么来的……”她的话没还没说完，张亮就打断了她：“你给我闭嘴。”一时间，大家都很尴尬。

没有谁希望别人揭自己的伤疤，相信你也不希望这样，所以，“己所不欲，勿施于人”。对于别人不愿意提起的事情，不要“一根筋”地问；对于别人忌讳的话题，不要“死心眼”地说；对于别人的缺点，千万不要当众指出。否则，你不但会伤害别人，还会失去朋友。

总而言之，女人千万要记住一点：说话看对象、分场合、看情况，别哪壶不开提哪壶。为此，需要注意下面几点：

首先，说话要强调场合意识。

说话看场合，说适合场合、氛围的话，才能让人喜上眉梢。说与场合、气氛想背的话，就会让人怒火中烧。比如，在寿宴上，不要说卖保险的事；在婚宴上，不要谈离婚、婚外情等话题；在丧礼上，不要嘻嘻哈哈开玩笑……否则，你只会遭人白眼，招人反感。总之，说话要分场合，在轻松的场合可以幽默一点，在严肃的场合，说话要严肃认真。

其次，说话要强调环境因素。

所谓的环境因素，就是你在什么地方，说什么话。比如，在饭桌上，就说美味佳肴，说能激起大家食欲的话题。在厕所里，就别说吃饭类的话题，否则，就有失大雅。

中国人很热情，两个熟人碰面了，不管在什么场合，都会问候一声。多半是问："吃饭了吗?"尤其是在餐前餐后，使用这句问候更频繁。

有个人在洗手间里碰到一个熟人，对方正从里面出来，他张口就问："吃饭了吗?"

对方答道："刚吃过了，你呢?"

"还没呢，马上就去吃。"

很简短的对话，却给人非常不雅的感觉。这就是典型的说话不看环境的表现，女人在这一点上要特别注意，否则，会给人没教养、不文明的印象。

再次，说话要看具体的情况。

别人心情好的时候，你怎么开玩笑，哪怕开玩笑骂他，他也不往心里去；别人心情不好的时候，你还嘻嘻哈哈，说话没轻没重，别人就可能跟你急。这就叫说话看情况。不注意这点，也很容易得罪人。

张悦和刘梅是好朋友，平时爱逗闷子。比如，几天没见，见面后来一句："你还没'死'呀?"对方也不计较，回一句："没呢，等着你给我送花圈呢!"然后两人哈哈一笑，感觉特别轻松。

有一次，张悦病重住院了，刘梅去医院看望她，见面后想逗逗她，又说："你怎么还没死啊?"这一次，张悦变脸了，生气地说："你给我滚出去，快点滚。"然后，把她赶了出去。

试想一下，人家正重病在床，心理压力很大，心情也不好。这个时候，你对她说"死"，显然是没有分清情境。尽管你们平时关系再好，再怎么开玩笑，这个时候你也不能乱说话。这个事例充分说明，说话看具体情况是非常重要的。

6. 话要从对方得意的事情说起

在与陌生人打交道的时候，你最好事先对他有所了解，清楚他得意的事情、感兴趣的事情、关心的事情。见面之后，你就可以从对方得意的事情说起，迅速打开对方的话匣子，以消除你们初次见面的尴尬气氛。

我们知道，每个人都有自己引以为傲的事情。当你和别人说他得意之作时，他定然会产生浓厚的谈话兴趣，然后滔滔不绝地向你介绍那件事，你只需认真倾听，时不时发出好奇的提问就可以了。相信他在兴奋之余，也会对你产生好感。

下面这个故事对老实女人非常有启发意义：

伊斯曼是美国柯达公司的创始人，坐落在罗彻斯特的一座音乐堂、一座纪念馆和一座戏院都是他曾经捐赠巨款建造的。很多制造商都想承接这批建筑物内的坐椅，彼此间展开了激烈的竞争，但是每个找伊斯曼谈生意的商人都败兴而归。在这种情况下，有位座椅公司的经理亚当森前来拜访伊斯曼。

亚当森首先见到了伊斯曼的秘书，秘书对他说："很明显你非常想得到这笔生意，但我要提醒你的是，伊斯曼先生是个大忙人，也是一个严厉的人，你进去之后要快点讲，不要让时间超过 5 分钟。”亚当森笑着说“知道了”。

在秘书的引导下，亚当森走进了伊斯曼的办公室，他看见伊斯曼正在堆满文件的办公桌上埋头苦干。亚当森不好意思打扰伊斯曼先生，只好静静地站在那里，仔细地打量那间办公室。

过了一会儿，伊斯曼抬头发现了亚当森，便问道：“先生有何见教?”

亚当森没有直接回答伊斯曼的问题，而是说：“伊斯曼先生，刚才我在静静等待你的时候，仔细观察了你这间办公室。我本人是从事室内木工装修工作的，但恕我直言，我从来没有见过装修这么精致的办公室。”

伊期曼回答说：“哎呀！要是你不说，我还真忘了这件事。这间办公室是我亲自设计的，建好之后我非常喜欢，但是后来一忙，一连几周都没有机会好好欣赏它了。”

亚当森走到墙边，伸出手在木板上擦了擦，说：“我想这是英国橡木，对吧？意大利的橡木质地应该不是这样的。”

“是的”，伊斯曼听到亚当森的话，显得有些激动，他站起来说，“那是从英国进口的橡木，我一位专门从事室内橡木研究的朋友从英国帮我订的货。”

就这样，伊斯曼和亚当森开心地聊了起来。他把室内所有的装饰一一向亚当森介绍，从木质谈到比例，再谈到颜色，再谈到价格。在整个过程中，亚当森始终微笑着倾听，显得饶有兴趣。之后亚当森询问伊斯曼的经历……他们谈了一个小时又一个小时，一直谈到中午。

结果可想而知，亚当森顺利得到了这笔生意，而且他和伊斯曼先生还成了非常好的朋友。

为什么伊斯曼和亚当森谈兴浓厚？为什么他把那笔大生意给了亚当森呢？这与亚当森的口才有很大的关系。他懂得从伊斯曼先生得意的事情说起，一下子满足了伊斯曼先生的自尊心，激发了伊斯曼先生的谈话兴趣，由此赢得了伊斯曼先生的好感，最后得到了那笔大生意。假如他一进办公室就谈生意，很可能没讲5分钟就被伊斯曼先生赶出来。

人都喜欢被恭维、被赞扬。在与人交谈时，先从对方得意的事情说起，就是一种高明的恭维和赞扬。当你对别人的得意之作表现出浓厚的兴趣时，间接地表明你认同这个人，表明你和他志同道合，这自然容易赢得他的好感。

孔子说过："道不同，不相为谋。"志同道合的人自然谈得来，有一见如故的感觉。比如，当你拜访一位陌生人时，看见他手里拿着一个东西，你可以问："你对这个感兴趣？看来你是这方面的行家，我也对这个感兴趣，正好我有个问题想请教你。"这样你们的谈话就会顺利进行下去。

试想一下，假如两个人都对象棋感兴趣，你们以此为媒介物，就能顺利地聊开。你可以聊聊下棋的情趣及车、马、炮的运用，也可以请教他最得意的招法，还可以找个合适的场所摆上一局，切磋一下，等等。如此，你们肯定谈得十分投机。就算你对象棋不太了解，只要你认真倾听，适时提问，也能赢得对方的好感。

7. 恭维对方时，要找准其穴位

在人际交往中，如果你想赢得别人的好感，就有必要学会恭维对方。恰当的恭维、发自内心的赞美，能让别人开怀一笑，从而拉近他与你的心理距离，促进你们更好地沟通。比如，你去朋友家做客，看见他客厅的墙壁上有一幅色彩明丽的山水画，你可以赞扬道："这幅画真不错，给客厅增加了好多神韵，是谁买的呢？真是好眼力！"也许你这句不经意的赞美，会让朋友获得意外的惊喜，大大增进对你的好感。

有一对夫妇结婚8年，一直没有孩子，为了弥补内心的空虚。夫人养了几只小狗，对小狗非常疼爱。

一天，先生和夫人在家看电视，一个女汽车推销员上门推销汽车。进门之后，她发现这对夫妇家里有几只小狗，忍不住对夫人养的狗大加赞赏，说狗的毛色纯洁、有光泽，还说黑眼圈，黑鼻尖，是最名贵的一种狗。还巧妙地恭维夫人对狗照顾得细心周到，并表示自己也非常喜欢小狗。

夫人听了这位推销员的恭维，顿时有些飘飘然，以为自己拥有世界上最名贵的狗，情不自禁地对那位推销员产生了好感。

推销员走后，夫人忍不住劝说丈夫买车，正好丈夫也有买车的意向，于是就答应了。两天后，当女推销员打来电话时，这对夫妇痛快地表示要买她的车。就这样，女推销员顺利卖出了一辆车。

希望获得肯定、赞扬和恭维，这是人性的本能。无论是谁，都会在别人的赞美声中开心起来，而我们赞美、恭维别人并不会因此受到损失，相反，还能给我们带来无数的朋友，会让我们更顺利地办事，何乐而不为呢?

不过，在恭维别人的时候，一定要找准切入点。上文中的女推销员恭维夫人的小狗，因为那是夫人的骄傲，因此深得夫人的欢喜。这就是聪明的恭维。如果她恭维夫人不感兴趣的东西，就无法取得良好的推销效果了。

比如，孩子都是自家的好。因此，在与有孩子的人打交道时，不妨从他们的孩子身上下手，找准他们孩子的优点加以恭维。比如说："你家孩子真机灵!""你家孩子真精神。""你家女儿真可爱。"等等。通过恭维孩子，让家长感到引以为豪，家长开心了，他们也就更喜欢你了。

值得注意的是，在恭维的时候一定要有诚恳的态度。只有态度诚恳，才能让别人看到你的真心，才能收到理想的效果。如果你的恭维毫无诚恳之意，别人一眼就看出你的虚伪，那么这样的恭维还是不要出口为好。

恭维是一门大学问。有些人认为别人当面恭维自己是讨好自己，会产生反感情绪。遇到这种人，你不妨换个恭维的方式，在背地里恭维他。等到你的恭维传到他的耳朵里时，他一定会倍加开心，这种恭维所取得的效果有时比当面恭维还要好。

姗姗是某企业的员工，有一次她与同事午休闲聊的时候，顺便说了上司的好话："吴主任这个人真的很不错，办事公正，为人和蔼，从来不在我们面前摆架子。在工作中，对我的帮助很大，能在这样的领导手下做事，真是一种幸运。"

很快，姗姗的话就传到了吴主任的耳朵里，让吴主任感到非常欣慰和感动。顿时，姗姗在他心目中的形象一下子提升了。在以后的工作中，吴主任对姗姗更加照顾，有好的机会都会优先给姗姗。

姗姗是聪明的，她懂得在第三者面前恭维领导，从而在领导心目中树立了良好的形象。试想一下，如果姗姗不是在第三者面前恭维吴主任，而是当面恭维吴主任，吴主任听了那些话，有可能很自然地认为姗姗是在拍马屁。他有可能不但不会对姗姗产生好感，还会讨厌姗姗的虚伪和巴结。由此可见，在背后说人好话更容易获得别人的好感。

具体而言，在恭维别人的时候，要注意什么问题呢？有什么技巧吗？下面就来详细介绍一下：

技巧1：在恭维的同时，表达关心与体贴。

女人在恭维别人的同时，要善于发挥女性的天性——温柔、体贴、善良、细腻。这样的恭维如春风拂面，瞬间温暖人心，让人在不知不觉中沉醉。比如，你对上司说："经理，您把那事谈成了？怎么谈的？能教教我吗？我可要拜你为师啊！"再比如，你对别人说："老师，那本书我看了好几遍，写得真好。你当初在写的时候没少花功夫吧？以后写书可要注意休息啊！"这些充满敬仰的恭维和温馨的关切怎么不让人动心呢？

技巧2：在恭维的同时，恰当地表达崇拜。

每个人都希望得到别人的崇拜，希望被别人尊敬、仰慕，这是人之常情。尤其是男人，他们希望得到女人的崇拜和敬仰，因此，在恭维男人的时候，你可以对他表达崇拜之情。这样会让男人激情澎湃，热血沸腾，对你心生好感。

技巧3：要在“奉承”的同时予以鼓励。

在恭维别人的同时，适当地表示鼓励，能给人更多的自信与勇气。比如，当你男朋友或丈夫在事业上遇到困难时，你可以对他说：“亲爱的，没关系的，凭你的能力，一定可以战胜这个困难。”这对男人是一种肯定，也是一种鼓舞，能让男人充满信心地去迎接挑战。

技巧4：抓住别人身上容易被忽视的“闪光点”进行恭维。

会恭维的女人总能在别人身上找到不太引人注意的“闪光点”，对此进行一番恭维，让人获得一种意外的惊喜。比如，有位女士长得非常漂亮，别人夸她最多的就是外貌。因此，你在恭维她的时候，最好不要赞美她的外貌。因为对于外貌她绝对有自信，但如果你恭维她苗条的身材、乌黑的秀发、浓浓的眉毛，而这恰恰是她以往没有注意的闪光点，那么她一定会非常惊喜。

8. 学会有目的性地对话，莫被牵着鼻子走

生活中，有些女人说话没有目的，没有重点，没有逻辑性，她们只是唠唠叨叨，泛泛而谈，纯属“拉家常”。这也无可厚非，但如果碰到求人办事，这样说话肯定会以失败告终。因为说话没有目的性，就很容易被别人的话题影响，被人牵着鼻子走；说话没有重点，别人就不知道你想说什

么，难以明白你的意图；说话没有逻辑性，就很难层层深入，让人心服口服地接受你的观点。

怎样才能纠正这种不良的说话习惯呢？最好的办法就是加强说话的目的性，提升说服的技巧性。让我们先看看《触龙说赵太后》的故事，从触龙的说话技巧中获得启示。

公元前266年，赵太后执政赵国。不久后，秦国前来进攻。无奈之际，赵太后只好求助齐国。齐国说：“要我们派援军也可以，但你必须把长安君送过来做人质。”赵太后不答应，因为长安君是他最爱的儿子。大臣们纷纷劝谏，但是赵太后不听，而且放出狠话：“谁再敢劝我让长安君去做人质，我会毫不客气。”

尽管如此，左师触龙依然求见赵太后。见面之后，他做出慢步行走的姿势，然后对赵太后说，他的腿脚有毛病，走不动了，所以，很长时间没来看望，请太后见谅。太后说她也走不动了，全靠坐辇走动。触龙问太后每天的饮食怎么样？太后说只吃点稀粥。触龙说，他每天走上三四里路，才能稍微增加点食欲……通过拉家常，赵太后的心情好多了。

接着，触龙说他最小的儿子舒祺不成材，而自己又老了，表达了对儿子前途的担心。之后，他话锋一转，说男人也疼爱孩子，甚至比女人更疼孩子。赵太后表示不同意，说女人更疼爱孩子。触龙顺着她的话说：“我私下认为，您疼爱燕后就超过了疼爱长安君。”赵太后表示她更疼爱长安君。

这些家常话看似没有目的，实则都在触龙的掌控之下，他在一步步把赵太后引导到“长安君”身上。之后，触龙说父母疼爱子女，都会为子女的长远考虑，如果祸患来得早，就落在父母头上，如果祸患来得晚，就落在孩子头上。如果真想为孩子的长远做打算，就要趁早给孩子锻炼的机会，这比疼爱孩子更明智。赵太后明白了触龙的意思，答应了派长安君去齐国做人质。后来齐国出兵救援，赵国才摆脱了危险。

触龙为什么能说服赵太后呢？关键在于他说话有目的性，从开场白到结束语，整个过程都是一层层递进的，整个谈话都是他掌握主动权的。所以，他才能顺利地引导赵太后，最后层层入里地说服赵太后。这个故事告诉我们，要想说服别人，达到自己的目的，我们就要善于抓住对方的心思，把话说到对方的心坎里，这样的话才有说服力。

俗话说："欲攻其人，先攻其心。"会说话的女人往往一语中的，把话说到别人的心坎里，让人听着愉快，心情舒畅。这不仅能融洽人际关系，还能帮自己在工作中巧妙地表达自己的观点，阐明自己的主张，赢得别人的帮助。在如今这个竞争激烈的社会，学会有目的性地说话，你才能提高办事效率，增加成功几率。

有位女保险业务员，虽然相貌平平，但是每个月的销售业绩却数一数二。她的客户几乎都是女性，尽管女性客户不太好对付，但她总有办法让对方心甘情愿地掏腰包、买保险。

她进入保险行业做的第一个客户是一位老太太，她对老太太说："你这个年纪，买保险非常重要。"经过一番劝说，老太太接受了她的建议。

买保险半年后，老太太发生了一次意外事故，由于她事先购买了保险，因此获得了一定的赔偿。从那以后，这位保险业务员遇见女客户，就把这个案例讲给对方听，让对方了解保险的意义：

"我曾经有段时间每天在同一条街上看到一位老太太，或许是缘分，或许是巧合。后来，我推荐她购买了保险，事实证明买保险是对的，后来的一次意外事故中，她获得了一笔赔偿。"

每当女性客户听她这么讲，都会大受感染，然后就购买她的保险。

这位女业务员是聪明的，她明白女性对命运和缘分的敏感性，知道女性是感性的，容易受到事例的感染。因此，她才能顺利地用故事说服女性客户购买保险。

在与人沟通中，要想最大限度地扩大自己话语的影响力，就必须有目的地对话，占据话语的主动权，而不能被别人牵着鼻子走。在对话中，你先说什么，后说什么，该说什么，不该说什么，都必须事先有个大致的想法。这样你才能按照自己的意图去展开对话，表明自己的观点和立场。

与此同时，你要善于抓住对方的心理进行诱导劝说，在诱导的时候，你说出的话看似与你的目的没有直接的关系，但是当对方认可你的观点之后，你就能一步步地把他带入你的意图中去，直至让他接受你的观点。就这样，你就成功地说服了对方，达到了你的目的。

9. 做个谈吐幽默的女人

美国哲学家乔治·桑塔亚是哈佛大学的教授，他在退休前的最后一堂课被安排在哈佛大学的大礼堂里。在讲课的过程中，有一只美丽的知更鸟停在窗台上，欢快地叫着。桑塔亚出神地打量了一会儿知更鸟，然后转向听众，轻声说道："对不起，诸位，失陪了，我与春天有个约会。"说完，他疾步走出了课堂。

桑塔亚这句充满诗意而且富有幽默的结束语，不仅避免了离别的感伤情怀，更显示出一种积极向上的精神，以及对美好生活的热爱。这就是幽默的力量，它表达出来的是一种积极的人生态度，是一种优美的、健康的品质，更是一种生活的智慧和情趣。

有幽默感的男人受人欢迎，有幽默感的女人同样受人欢迎。因为和幽默的女人在一起，人们会感到轻松，感受到一种对生活的热情，以及幽默所带来的欢笑愉悦。幽默的女人是聪慧的，是善于随机应变的，是有生活情趣的。

在快节奏的现代社会，压力无处不在，没有哪个男人希望在外奔波了一天，回到家里看到一个死气沉沉的女人。而如果妻子谈吐诙谐幽默，那么男人疲惫的身心很快就能得到缓解，并且能从女人身上感受到她对生活的热情。试问，这样的女人谁不爱呢?

正如一个女人问男人："你是喜欢温柔可爱的我，还是喜欢聪明美丽的我呢?"男人回答说："我喜欢你的幽默感。"一个温柔可爱、聪明美丽的女人，如果同时还有幽默感，那么与之相处，就很容易获得快乐，这样的女人是具有吸引力和感染力的。

在一个晚宴上，某航天科学家告诉大家："最近，我们决定把几只老鼠送上火星。"话音未落，一个美女说："不会吧，这样灭鼠成本也太高了吧!"大家一听，不禁放声大笑起来，心想：这个女人太幽默了。

幽默的女人是大度的，她总能运用幽默，回应别人的善意或恶意的嘲讽，并把快乐带给别人。苏小妹靓丽脱俗，满是才情，美中不足的是，她的额头略有突出，兄长苏东坡就此打趣道："出门未及三两步，额头已到画廊前。"聪颖的苏小妹没有生气，而是蘸墨展纸写道："去年一滴相思泪，至今未到耳腮边。"这两句诗说的是苏东坡的脸瘦长，苏东坡一听，立马抚掌大笑。这就是女人幽默的魅力。

幽默的女人是聪明机智的，面对尴尬与冲突时，她总能巧妙回应，让大家拍手叫绝。著名的女演员徐帆的老公是知名导演冯小刚，有一次，有个影迷问徐帆："徐帆，你长得这么漂亮，冯小刚却很丑，你为什么嫁给他呢?"面对如此尴尬的问题，徐帆笑着说："嘿嘿，这不正是男才女貌吗?"

幽默的女人是善良可爱，善解人意的。在冯小刚的《我把青春献给你》中，徐帆曾说过这样一句幽默的话："我觉得我们俩在一起是一种互补，我属羊，他属狗，这辈子我是被他看死了，谁让他是只牧羊犬呢。"这种调侃戏虐，可以为生活增添温情、欢悦和趣味。

上中学的女儿早恋了，妈妈坚决反对，女儿怏怏不快。一天，女儿对妈妈说："妈，我的男朋友自杀了，因为你反对我们在一起。"妈妈一听，顿时大惊。

女儿见状，笑着说："还好，他吃错了药，没死成。"说完这话，她原以为妈妈会同意她与男朋友交往。没想到，妈妈却说："我早就说过，这个男孩不靠谱，做事马马虎虎、大大咧咧，成不了大事，你看，吃个药都能搞错，怎么能托付终身呢？"

女儿听了这话，既感到无奈，又觉得好笑。

幽默的女人是一块开心宝，她三言两语，就能让人开怀大笑，使人心情变得格外阳光。女人的幽默还是生活的调味品，是人际交往中的润滑剂。懂幽默的女人，总能展现出一种优雅的风度，一种深刻的涵养，一种智慧的沉淀，一种睿智的思想。

幽默的女人是富有人情味的，是有生活情趣的，她懂得自我解嘲，懂得原谅别人，即使身处逆境，也能乐观豁达、从容淡定，让人领略到不一样的风景。然而，掌握幽默的智慧并非一件容易的事，它需要女人注意以下四点：

首先，深刻领会幽默的内涵。幽默不是简单的搞笑，不是油腔滑调，不是嘲笑或讽刺，而是智慧、品质、思想和学识在语言中的巧妙运用，正如一位名人说的那样："浮躁难以幽默，装腔作势难以幽默，钻牛角尖难以幽默，捉襟见肘难以幽默，迟钝笨拙难以幽默，只有从容，平等待人，超脱，游刃有余，聪明透彻才能幽默。"

其次，广采博取，扩大知识面。幽默建立在丰富的基础知识上，心中有学识，才能妙语连珠。因此，多学习、多接触不同的知识，不断充实自己，对培养幽默感非常重要。

再次，乐观对待生活。幽默是一种积极乐观的生活态度，是一种宽容的精神表现。所以，在学习幽默时，要坚决摒弃"小心眼儿"，把心放宽一点，人就会轻松起来。轻松之余，才能更好地释放幽默。

最后，培养洞察力。一眼看透事物的本质，并用恰当的比喻和诙谐的语言表达出来，就是一种幽默。虽然幽默的种类很多，不一而足，但总是与洞察力分不开的。拥有洞察力，你的幽默才会深刻，才会让人从骨子里感到幽默。

10. 不会说“不”，永远都难成高手

周末你想在家休息，但是朋友打电话约你出去逛街；你想出门办事时，推销员不期而至，说什么“给您送礼来了”，软磨硬缠不肯离去；你本来手头紧张，但是朋友找你借钱……遇到这些情况时，你会不好意思拒绝别人，害怕别人不高兴吗？

对于老实女人来说，或许答案是肯定的，因为老实女人太过善良、太过心软，宁愿让自己委屈，也不好意思对别人说“不”。然而，勉强地答应别人之后，会给自己带来什么不利影响呢？你没时间休息，结果搞得身心疲惫；你不好意思拒绝推销员，结果耽误了办事；你把钱借给朋友了，自己却节衣缩食。

中国科学院心理研究所林春教授认为，在人际交往中，有相当一部分人不懂得拒绝别人，委曲求全成了一种习惯，他们过多地为别人着想，却忽视自己的利益。这种人看似很高尚，他们自己有时候也觉得自己很神圣，但是这样会给自己的正常生活带来不利影响。

一味地答应别人的要求，你的内心自然会慢慢觉得不平衡，进而产生自责和内疚心理，甚至有一种挫折感。为了避免这种情绪，你会慢慢缩小自己的交际圈。这对你也是不利的。所以，坚决不要做“仗义”的老实

人，而要学会拒绝。

然而，拒绝不是简单地对别人说“不行”，拒绝需要智慧，拒绝是一门学问。在拒绝的时候，要注意场合和态度，要注意措辞和态度，这样才能保证既不得罪人，又不影响自己的正常生活和工作。如果女人不懂得正确拒绝，那么就很可能给自己的人际关系造成恶劣的影响。

刘女士是某公司的财务部主管，她一向性情温和，在单位很受人欢迎。一天，她向小昭催了三遍报表，但每次小昭都态度超好地说：“好的，好的，马上就交。”但是公司规定的期限都过了，小昭还没有交报表。

刘女士非常无奈，她找到小昭的同部门同事小琪：“小琪呀，小昭的报表还没交呢，你可以帮她填一下吗？你对填报表很熟悉，几分钟就能搞定的。”

不巧的是，那天小琪心情不好，她听到刘女士让她帮小昭填报表，冷冷地拒绝道：“你还是让小昭自己填吧！”

这时忍无可忍的刘女士终于爆发了，当着办公室那么多同事的面咆哮道：“你们怎么回事啊？一个报表催了10多天，怎么不配合一下啊？耽误你们发工资你们乐意吗？”

小琪觉得委屈，也恼怒地叫道：“你冲我发什么火啊？我的报表又不是没交，谁没交报表你找谁去啊！在这里瞎嚷嚷什么？”

小琪因为拒绝的方式不当得罪了刘女士，从这以后，刘女士和小琪老死不相往来。

小昭自认为自己很委屈，但说真的，她的拒绝方式真的不恰当。要知道，在办公室中，当着那么多同事的面，她那么冷漠地拒绝财务主管，让财务主管的面子往哪儿放呢？也许你可以说小琪那天心情不好，自然态度不好，但这不是理由。当然，财务主管当众发火也有些不理智，但这是后话。从这个故事中，我们可以发现：错误的拒绝非常容易得罪人。那么，正确的拒绝方式是怎样的呢？在拒绝别人的时候，需要注意哪些问题呢?

首先，在听到别人的请求时，不要听到一半觉得自己无法帮忙就拒绝，而要耐心地听别人说完，这是对别人最基本的尊重。其次，要为你的拒绝表达歉意，这是为对方着想的表现。同时，你要说出拒绝的理由，让对方理解你的难处。再次，拒绝的时候态度要温和，语气要委婉。尽管说“不”是你的权利，但仍需考虑别人的感受。当你做到了这样几点，别人在感情上就比较容易接受你的拒绝，从而避免了一些负面影响。

第八张牌 爱情：他们天生被她吸引

大部分男人只把自己辛苦得来的东西当作宝贝，就像网络游戏中的角色升级一样。爱情也是如此，太容易得到的，男人往往不懂珍惜。女人千万不要把自己乖乖奉上，一定要学会“伪装”，学会拒绝，学会在婚姻和恋爱中强大自己。

1. 为何女人付出得越多，越拴不住男人

在爱情的世界里，女人总是把男人放在第一位，她们总是喜欢说“我爱你胜过爱自己”之类的傻话，总是把男人当成天。而男人呢？他们即使再爱你，也只是把你放在和自己等同的位置上。所以，受伤的往往是女人。

冰冰在上学的时候，爱上了高自己两级的学长，很快他们就进入了热恋期。大学毕业时，冰冰按计划准备考研究生，她的男友却不同意：“咱们结婚吧，我非常需要你。”是结婚还是考研，她一时也拿不定主意。

其实现在看起来，结婚和考研并不矛盾，但那时冰冰认为，既然结婚就要做个好妻子，如果读研究生，一定没有时间照顾丈夫，如果做妻子的因读书而冷落了丈夫，那是非常不对的。人们常说，爱就是奉献，对这一点冰冰深信不疑。于是，她决定放弃自己的理想，和丈夫一起构筑爱的港湾。

毕业后，冰冰当了一名教师，丈夫工作了一段时间后开始准备考研。那段时间，冰冰却发现自己怀孕了。妊娠反应厉害的时候，没吃两口就吐了。可是丈夫正忙着备考，不仅无暇照顾冰冰，还需要冰冰来照顾他。冰冰经常是一边吐，一边做饭。但是想想丈夫将要实现自己的梦想，她暗暗地咽下了所有的痛苦，心想：等他考上研究生了，一切也就好了。后来丈夫如愿以偿地考取了研究生，孩子也顺利生下来了。

那段时间，冰冰更忙了，既要工作，又要照顾孩子，还要照顾上学的

丈夫，生活压力极大。接送孩子、买菜、做饭、洗衣、收拾房间，她几乎承包了所有的家务，但当她看到憨实可爱的孩子，看到忙于学业的丈夫，她是欣慰的，她感到幸福无比。

为了照顾好家，冰冰几乎放弃了自己的一切爱好。她已经没有时间去商场为自己选购一件称心的服装；没有了和朋友们高歌一曲的兴致；甚至连自己爱看的电视连续剧也不能从头看到尾，但是她从不抱怨，她觉得自己的付出是值得的，因为她的家庭有了她的付出更加和谐幸福。

冰冰原以为丈夫毕业后，他们就会迎来第二个蜜月，他会对自己的奉献给予回报，然而他们的关系却大不如从前了。丈夫毕业后，去了一家合资企业。他的工作很忙，经常深夜才回到家，一脸的疲惫。让冰冰更加生气的是，丈夫竟然懒得与她说话了。

有一次，冰冰终于忍无可忍，她对丈夫说："咱们也该聊聊了。"丈夫却冷冷地回了她一句："这么长时间的夫妻了，还有什么好说的。"有时，他还会不耐烦地说，"说点儿别的行不行，整天不是东家长就是西家短的，真没意思，就知道自己眼皮底下的那点儿小事，层次太低，整个一个家庭妇女，没劲！"这种经常争吵的日子没过多久，丈夫便向她摊牌，说自己爱上了别人，冰冰的心在颤抖，她问："我有什么对不起你的地方吗？"

他说："你没有对不起我的地方，可是现在和你在一起，我一点儿感觉都没有。你整天都是那些婆婆妈妈的事，一点儿也不像过去那样有理想、有激情。"冰冰说："人总得有良心吧，你上学的这些年，孩子、家，包括你的衣食住行，里里外外哪一点儿不是我在操持？如果我当时也去念书，不管这个家，你能有今天吗？我是为了你才做出牺牲的。"但是他却说："牺牲和爱情是两码事。"

的确如此，女人付出得越多，越拴不住男人的心。女人们啊，若不想受伤害，想让男人死心塌地爱你一辈子，就别再无谓地奉献自己了，做个智慧的女人才最幸福！

爱不应该是单方面的奉献，而更应该建立在自尊自爱的平等基础上。你爱他，更要爱自己，这样别人就容易看到你的魅力，会称赞你，你会从这些赞扬中得到更多的自信，你也就会活得越发光彩，永远保持对生活的热情，这是个良性循环。

所以，幸福的女人一定不是一味付出的“傻大姐”，夫妻间想要做到相濡以沫，就要懂得适当地给自己留些氧气，让两人共同吐露爱情的芬芳。

2. 太容易得到的，男人往往不懂珍惜

现代社会的女人，早已不是古时候大门不出二门不迈、等着男人上门提亲的大家闺秀了。很多女人，表达爱意并不比男人逊色，她们敢于追求自己的真爱，一旦发现目标，便毫无保留地全力以赴。可是女人，你们有没有想过，过于草率的爱情，在男人眼里会不会显得有些廉价？

举一个最简单的例子：你花了很多银子买了一双鞋，结果穿了两天就坏了，一定觉得很心疼吧？倘若只是最便宜的，那也就无所谓了。所以，就算你无比地爱一个男人，也要做他们心中最高贵的香奈儿，而不是放眼望去比比皆是的仿冒 LV。

曾经热播的电视剧《你是我兄弟》中，那个敢爱敢恨的英子就是典型。她从小就喜欢正直却有些不羁的马老二，为了他，英子愿意冒着被开除的风险，时不时地往马老二那个破废品站跑。为了马老二，她不惜放弃自己的工作，而帮他收拾残局。

可就是这样，马老二仍毫不动心。他钟情的是剧中的“一枝花”，从

16 岁第一次见面开始，就再也没有忘记过的梳着长长马尾辫的美丽少女。尽管两个人见面的次数有限，话也很少说，可在他眼里，“一枝花”就像是天上的月亮，就算是自己架着梯子，也不可能够得着的月亮。从那时候起，“一枝花”就在马老二的心里扎了根，这一扎就是小半辈子，让一个人从男孩成长到男人。

像英子这一类的女人最容易被男人抛弃，可能付出得越多，输得越惨。如果你把自己的全部当成礼物，悉数献给了对方，对方会认为得来太容易，然而毫不怜惜地搁在一边。有很多男人离了婚，或者有了第三者，并不是因为他们的妻子有什么不好，让人啼笑皆非地回答是：“当年是你追的我，我甩你自然没什么问题!”

这就是大多数男人的想法，所以女人在和男人交往时，千万别什么事都由着男人，尤其是还未结婚的时候。心理学上说，男人对于未知的、不能掌握的、神秘的事物，都倍感兴趣，但对一份招之即来挥之即去、玩弄于股掌之间的感情，总是缺乏兴趣，更谈不上珍惜。

能让男人念念不忘、想娶回家慢慢研究的，必然是会让他产生期待感和饥饿感的女人。这样的女人，能带给男人惊喜，而并非一成不变。男人越想深入地了解她，越发现她是如此难以琢磨，和她在一起，就越有感觉。这样的女人更能让男人相信：如果婚姻是坟墓，那么就算死，也要与这个女人死在一口棺材里。

女人不能太主动，但也不能完全不主动。很多女人觉得，男人们都怀着“容易得到的便不珍惜”的心理，于是为了让男人珍惜自己，就决定不主动，偏偏要让男人费一些心思。这样做，也是不妥当的。那么，女人到底应该怎么做，才能安抚男人冲动的内心呢？正确的做法是：给他一块糖，是的，每次只给一块。说白了，就是吊他的胃口。

很多的智慧，体现在对男人的控制力上。她们会让男人琢磨不透，但又不让男人感觉她们是在“倒贴”。女人可以专一，可以深情，可以执着，可以大声说出我爱你，但是要有自己的原则和底线。

即使你主动，也要有个度，对于无动于衷的男人，要果断地说“不”；对于贪得无厌的男人，更要勇敢地说“GET OUT”。反过来，面对男人的追求，女人也要拿捏好分寸。越是让男人费尽心思才得到的东西，他越会觉得美妙无比。做个珍惜自己的女人吧，其实很多男人都不是“古董”行家，他们只是玩家，女人只有把自己当宝，男人才会真的觉得你是宝。

3. 爱情的路上，千万不要让自己的母爱泛滥

虽然如今的婚姻界广泛流行着一句话：好男人都是女人调教出来的。但是，调教男人并不是什么容易的事。很多时候，女人也需要站在妻子的立场去考量，如果搞错了角色，后果往往不堪设想。

女人不妨仔细想想：你是否经常唠叨老公吃饭了没有？冷不冷？又是否干涉他跟哪些人交朋友，平时都干什么？是不是要求他去哪里都要向你通报一声？如果你有上述情况，那么很不幸，你在爱情的道路上母爱泛滥了。

结婚 10 多年来，孟达越来越觉得妻子像他的母亲，总要求他改这改那，恋爱时亲密的叮嘱，慢慢变成了日常生活中不间断的唠叨。两人相恋时，孟达才 23 岁，他不但不介意妻子比自己大两岁，反而对她的成熟和细心赞不绝口。在孟达看来，人这一辈子，能娶到这样一个好妻子，夫复何求啊？可随着岁月的流逝，孟达感觉自己也成熟了，当初的“恋母情结”也渐渐淡了。如今，妻子重复的要求与嘱咐，只会让他感觉自己不被信任和接纳，厌烦之心也因此油然而生。

女人有种与生俱来的母性，她们会不自觉地，像宠爱孩子一样宠爱自己的老公，对老公事无巨细、关怀备至。但是，就像父母的溺爱不利于孩子的身心成长和独立一样，妻子的溺爱同样不利于丈夫身心发展。这样的结果便是，好好一个男人，被自己的老婆宠坏了。男人如果遇到这样一个毫无原则地溺爱自己的伴侣，那他的人生很可能也就这样了。

男人对于爱的需求无度，常常是女人宠出来的。当妻子的母爱过于泛滥，将老公当成自己的第一个儿子，男人便会很快适应“儿子”这个角色。不幸的是，这是一种没有血缘纽带的“母子关系”，一旦“母亲”因为种种原因不能像过去那样细心备至，他便会觉得自己受了冷落，甚至跑到外面找温暖，并且丝毫不觉得自己有什么错。

作为妻子，你可以爱他，可以温柔体贴地对待他，但却不能过分纵容他。一旦他习惯了这一切，就会对你的付出感到麻木，甚至认为这都是理所应当的。于是，我们时常会看到这样的情况：男人带着情人去外面应酬，风风光光，体面无比；妻子却无怨无悔地做着家务，皱纹爬上脸庞，衣襟上沾满油渍……

女人应该反省一下：自己究竟是嫁了一个丈夫，还是多养了一个儿子？婚姻关系难道不应该是平等、互相了解、互相欣赏的吗？女人若是一味用对待儿子的方式和丈夫相处，只会增加自己的压力、影响夫妻间的感情，仰赖丈夫撑起一个家，更无从谈起。可见，作为一个成熟的女人，必须把老公看做个性独立、可以对自己负责的男人，而绝不是连哄带宠、愚钝无知的孩子。

即使母爱是全天下最伟大的，作为妻子的你，也千万别用错了地方。有时候，母爱过于泛滥，只会让男人吃不消，对于未来的婚姻生活，没有半点益处。

4. 男人是野生动物，喜欢追逐的快感

爱情使两个陌生人变成了情侣，然而在他们分手的时候，女人却发现彼此还是陌生人，女人甚至连自己都不完全了解。你不要笑话这样的女人，因为即使你步入婚姻，和男人生活在一个屋檐下，和男人睡在同一张床上，和男人过了大半辈子，你都可能不了解男人，当然，不了解男人的女人绝非你一个，而是很多。这就是为什么男人和女人有时候沟通困难，有时候误会频生。

为什么会这样呢？为什么现实生活中的爱情不像爱情小说中描绘的那样完美？为什么女人遇不到理想中的白马王子？为什么男人总是让女人揪心、失望？为什么男人在婚前和婚后的变化如此之大？为什么女人觉得难以走进男人的内心世界？其实，答案只有一个，因为女人不了解男人。

也许你不以为然，你认为自己对男人有足够的研究，那么试问一下：你知道男人是野生动物吗？你知道男人喜欢追逐的快感吗？之所以说男人是野生动物，是因为男人具备较强的野外生存本领，就像自然界中独自觅食、单打独斗的野狼。男人向往自由的生活，喜欢无拘无束，他们既有野心，又有些孤傲，还喜欢漂泊放荡。

或许正是因为男人像野狼，才会有狼子野心，才喜欢追逐的快感，才喜欢激烈的竞争。比如，他们喜欢赛车，喜欢狩猎，喜欢打牌，喜欢锁定目标，并为之努力。比如，在牌局中，如果男人赢少输多，他是不会轻易认输的，这个时候就算用一头牛都难以把他拉走，因为他觉得自己很快就会赢回来。男人被与生俱来的雄性的好胜心驱使着，他会继续战斗下去。如果最终他还是输了，他也不会因此消沉，相反，他会更加

不服气。

再举个例子，男人和同伙一起去狩猎。他们离开家已经整整一个星期了，每天睡在脏兮兮的草地上，还要忍受蚊虫的叮咬，有时候还会食不果腹。然而，他们会乐此不彼地坚守着。这到底是为什么呢？因为他在狩猎中能体验到追逐的快感。如果男人射杀了一只猎物，他会把猎物带回家，那一刻他比开屏的孔雀还要自豪，他甚至会把猎物摆在家门口，然后向街坊邻居绘声绘色地讲述狩猎的精彩过程。但是，假如有人送给男人一个猎物，他根本就不屑一顾。

“坏”女人知道，当一个男人发现了自己喜欢的东西时，会毫不犹豫地去追求，而这种追求的过程，会让男人的欲望更加强烈。如果男人一时无法得手，他会更加努力去争取。可以说，欲望完全占据了男人的心，使他对所追求的事物产生丰富的联想。所以，“坏”女人懂得给男人挑战。

“坏”女人身上散发着一种危险气息，她们好像在对男人说：“我跟你是不同世界的人。”她们知道自己是什么，知道自己要什么，所以对男人是最有吸引力的动物。当那些乖乖女自怜自艾地问男人“你喜欢我吗？你觉得我怎么样？你到底看上我什么？”时，“坏”女人的脑子里却在盘算：“跟这个家伙在一起，我能得到什么好处？”当乖乖女忙着找理由自我肯定，给自己打气时，“坏”女人已经开始挑逗男人了。

“坏”女人知道，渴望的东西最能激发男人的追逐欲。因此，她们不会轻易让男人得手，而是千方百计地考验男人，甚至把男人弄得精疲力尽时，才愿意投入男人的怀抱。对男人来说，征服一个“坏”女人，就像征服一个伟大的里程碑，这个过程是非常不易的，而这个来之不易的女人，在他心目中比任何一个轻易得到的女人更有价值。

相比之下，一个乖乖女比较容易被男人追到手，但这个轻易到手的追求过程无异于给男人泼了一盆冷水。越容易被男人征服的女人，男人会觉得她乏味。要知道，没有人会对免费赠送的礼品十分看重。所以，如果一个女人轻易就与男人上床，这反而不利于女人得到男人的珍惜。

所以，当男人给你打电话的时候，不要铃声一响就立刻接听，除非你接错了。你最好等铃声响了一阵子再接，并且表现出漫不经心的样子。即使你的内心在惊喜“终于等到了这个帅哥的电话了”，你也要在话语中表现得不屑一顾：“哦，你啊？找我有事吗？”

对于男人的约会邀请，你最好仔细地看一下自己的日程表，看是否有时间，哪怕你这段时间正在休假，一个人在家无聊得在网络游戏中打发光阴。约会的时候，不要轻易早到。当然，第一次约会没必要故意迟到，因为这会让一些男人感觉没有面子，进而放弃了对你的追求。

约会的时候，当男人的嘴凑过来的时候，不要傻傻地闭上眼睛享受甜蜜。这个时候，你调皮地转一下脸蛋，或找个借口溜走，会让男人觉得你很有趣。别担心，男人不会轻易放弃你的，他会更努力地追求你，直到你心甘情愿地蜷入他的怀中。

前几次约会时，千万不要让男人来你家，更不要让男人进入你的卧室。不要因为外面很黑，或者有风雨，你就说：“进来吧，只能待一会儿啊。”你这样的回答，对男人来说无疑是一种燃起他兴奋的药物。他会觉得，他已经得到了你的暗示和默许，他将再一次向你发出肢体接触的信号，甚至大胆地索取性需要。如果你把自己献给了他，他饱餐一顿之后，会得意地想：我已经彻底征服了你。

当然，在男人带有诚意的猛烈追求下，你也不必太过矜持。但是要记住，你一定要渐渐地接受他，给他一个体验追逐感的机会。你要用行动告诉男人：你从来都不曾在他的掌控之中。而当男人没有找到真正拥有你的感觉时，他将会不断追求你。也就是说，你既要让他知道他的追求有了进展，又不能对他有求必应，在若即若离间，让男人对你蠢蠢欲动。

5. 聪明的女人一定不要做“红颜知己”

什么是“红颜知己”？所谓红颜知己，一般是指与男性关系比较密切的女性朋友。那么，红颜知己到底是怎样一种感情程度的朋友呢？用一句话来形容，就是“比朋友多一点，比爱人少一点”。

通常而言，红颜知己指的是年龄相仿的异性朋友。如果年龄差距较大，那么就称之为“忘年交”。男人与红颜知己的交流仅停留于精神层面，比如，互相倾诉内心的苦闷，互相开导和鼓励。一旦发生爱情或性行为，这种关系就随之土崩瓦解了。

安妮宝贝曾说过：“什么是妻子？就是你愿意把积蓄交给她保管的女人。什么是红颜知己？就是你能把秘密说给她听却不能说给妻子听的女人。”很多男人都想拥有红颜知己，遗憾的是，找到一个可以互相欣赏、互相倾诉的红颜知己并不是一件容易的事。即便有幸找到了红颜知己，也很难把握好交往的尺度，很容易把“红颜知己”变成了“红颜祸水”，闹得妻离子散、鸡犬不宁。

聪明的女人，一定不要做红颜知己。为什么呢？原因有下面三点：

首先，男女之间没有单纯的友谊，男人的坏心思你不得不防。

男人的色欲是无穷的，有了老婆之后，还想有情人；有了情人之后，还想享受红颜知己对自己若即若离的那种感觉。可是，一旦男人和你实现了精神上的交流之后，他就会期盼与你有更进一步的交流。有一天，当你们的灵魂与肉体结合在一起时，你们之间所有的美感都将消失殆尽。最终，你会变成一抹蚊子血，连最初那种相知之情也失去了。

作为女人，一定要记住：男女之间很难有纯洁的友谊，男人让你做他的红颜知己，可能对你有不好的企图。因此，如果一个男人对你说："我一直把你当做我的红颜知己的，你愿意做我的红颜知己吗？"你听了千万不要沾沾自喜，为什么呢？因为这句话意味着：

"我一直把你当做可以信赖的朋友，但是由于我们不能结婚，因此，我只能给你一个较为好听的名分，让你觉得在我的生命中是一个特殊的人。希望我们的关系非同一般，有朝一日，我们能实现精神与肉体的结合。"

女人们，当你了解男人让你做红颜知己的真实意图之后，你还笑得出来吗？所以，赶紧拒绝吧！

其次，红颜知己不过是一个可有可无的朋友，别把红颜知己的地位看得太高。

或许你觉得红颜知己是一个意义非凡的朋友，在男人的心目中有特殊的地位。你以为只有自己才懂得他的心，只有自己才理解他，以为自己是他心灵的港湾，是他真正爱的人。其实并不是这样，红颜知己不过是一个关系还行、可有可无的朋友。在男人感到心灵空虚、孤独和烦闷的时候，他才会想起你，一个愿意听他倾诉心事的女人。当男人快乐时，他会把你忘到九霄云外。

有人说，红颜知己就像星星，在男人的天空里时而存在，时而消失，若隐若现。当一个男人失去了妻子时，意味着他失去了大部分的财富，这简直是无法接受的事情；当一个男人失去情人时，他会难过好一阵子，甚至有痛彻心扉的苦楚；而当一个男人失去红颜知己时，只会有小小的遗憾。总有一天，男人会忘记自己的红颜知己，忘记天空曾有一颗小星星，在自己迷失的时候指引过他，温暖过他的心。

最后，女人要明白，做男人的红颜知己，是一门难度很高的技术活。

如果说妻子是太阳，情人像月亮，那么红颜知己就是渺小的星星。男人有了一个太阳和一个月亮就足够了，但是对于星星，男人有无限的渴望，恨不得有很多颗星星。因此，你可能只是男人心中一颗不起眼的星星，你的心里是最累最疼的。你既不能对他发脾气，也不能管着他、约束他；你既不能对他提要求，也不能对他撒娇；你既不能在他面前流泪，也不能告诉他你有多么爱他。

作为一个红颜知己，你要在男人面前永远保持微笑，要永远理解他、安慰他，时刻做倾听状，不能抱怨他没有时间陪你，因为你在他心里不算什么。你也不能对他诉说太多的苦闷和烦恼，因为妻子的唠叨就够让他烦的，他哪有心思听你的苦闷呢？如果有一天，你对他提出一个小小的要求，他可能会大吃一惊，说："你怎么能这样呢？"他甚至会在心里对你产生一些失望，因为你原本是善解人意、温柔善良的。这个时候，你会失望吗？

总而言之，做男人的红颜知己是不明智的，女人们，别太单纯了，不要以为真的可以和男人保持纯洁的友谊，进行单纯的精神交流。要知道，男人的心思太深沉，男人的花花肠子太多了，你不得不防啊！

6. 就算他是王子，你也不能卑贱地爱

著名女诗人舒婷在《致橡树》中这样写道："在那里，如果男人是一棵橡树，女人不是一棵附在男人身上的凌霄花，而是一棵和男人一样去迎接阳光、甘露、风霜、雨雪的木棉。"在诗歌里，舒婷肯定了女人的地位以及独立的生活态度，她觉得一个女人应该平等地看待自己，不要轻易去依附于男人，不要将自己完全寄托在男人身上，因为女人在付出爱情的同时，还应该保留一份自私的爱，需要自私地爱着自己。

实际上早在数千年前，《诗经》中就有"士之耽兮，犹可说也。女之

耽兮，不可说也”的诗句。古人很早就意识到男子对爱情的态度往往不会是全身心付出的，所以一旦爱情破灭，他们可以像什么事都没有发生一样地走出来，而一旦女人沉迷在爱情当中，就很容易陷进去，难以自拔，哪怕是爱情破裂了，哪怕明知道男人背叛了自己，她们也无法重新开始自己的生活。这也就是为什么自古以来，女人更容易卑微地为爱情活着，也更容易卑微地为爱情而殉葬。到了今天，虽然女人的独立意识以及爱情观念更加开放，但仍旧容易在感情生活中受到伤害，因为在面对爱情的时候，女人依旧要比男人更加投入，要比男人更加执着，她们在爱情面前往往更加卑微。

可是男女应该是平等的，爱情面前更应该平等。女人不能在爱情面前委曲求全，事实上，在爱一个男人的时候，更应该爱自己，如果你一味迁就对方，一味为别人而活，而忽略自己的感受，那么很容易伤害自己。其实一个女人如果连自己也不爱，连自己也不能保护，那么又有什么资格去爱别人，去谈爱情呢？

戴安娜王妃是上世纪最著名的女性之一，她和查尔斯王子的婚姻以及后来的死亡事件，都给戴安娜王妃的一生蒙上了传奇色彩。事实上，在一开始的时候，和查尔斯交往的是戴安娜的姐姐沙拉，可是当戴安娜陪同着姐姐去见查尔斯王子的时候，戴安娜的无拘无束和天真可爱渐渐俘获了王子的心。当时的沙拉非常喜欢抛头露面，并且做人做事缺乏主见，事事都依赖查尔斯，看上去就像是他的附属而不是情人一样，这让查尔斯觉得很不舒服。

反观戴安娜，为人热情大方，从来不会刻意讨好任何人，即便是人人敬仰的王子，她也敢于直言，从来不会丧失自己独立的个性，正是因为这样，查尔斯发现自己喜欢上了戴安娜，并且开始频繁和她约会，这样一来两个人很快陷入热恋。

1981 年，查尔斯王子向戴安娜求婚，之后两个人迅速订婚，在宣布订婚的头一天晚上，一位荷枪实弹的警长护送她前往白金汉宫，他看着这个稚气未脱的可爱女孩，说了一句话："你要知道，这是你生活中自由自在的最后一夜，别慌着走，再好好享受一下吧。"戴安娜听完后也是一阵伤感。

结婚之后，这位警长的话一语成谶，虽然王子和王妃度了三个月的蜜月，但是查尔斯王子一直以王储自居，从来不肯在爱情中迁就戴安娜，而戴安娜只能默默忍受。这段被人看好的婚姻最终还是出现了很大的裂痕，那就是戴安娜发现了自己的丈夫竟然和旧情人卡米拉藕断丝连，两个人的关系由此陷入僵局。

虽然戴安娜试图挽救自己的婚姻，何况两个人还有了两个孩子，但是由于查尔斯的过分举动，戴安娜最终放弃了这段婚姻，向来追求自由的她，不希望将自己束缚在一段不幸的婚姻中，哪怕这个人是全英国女人都想要嫁的王子，于是，她决定离婚。1992 年，查尔斯和戴安娜出访印度，当天是情人节，按照惯例王子应该吻王妃，可是当查尔斯准备吻戴安娜的脸庞时，她竟然当着 100 个专业记者以及 5000 多位印度观众的面将头扭向另一边。很快两个人宣布正式分居，之后两个人开始相互伤害，直到 1996 年，才正式离婚。

离婚之后，很多人都认为戴安娜很傻，毕竟每个女人都想要坐上王妃的位置，而且戴安娜一离开的话，卡米拉不正好能够趁虚而入，但是戴安娜不再想要妥协和忍让了，她觉得婚姻和爱情应该是能给自己带来幸福的。如果自己觉得不幸福，如果丈夫不爱自己，那么当上王妃又有什么意义呢？正因为这样，戴安娜在死后几乎赢得了全世界舆论的同情，而查尔斯则被抨击为最荒唐、最不负责的王子，他们都觉得戴安娜和查尔斯离婚实际上女权主义的又一次伟大胜利。

有句话说得很好："恋爱中的女人应该更有骨气一些，否则吃亏的永远是她们。"这句话实际上应该成为女人的座右铭，即便男人再出色，即便男人再有魅力，你也不要去当一个花痴。作为一个女人你应当去爱自己，而且自我尊重也很重要，你可以去迁就和忍让，但是不能完全围着对方转，你应该有自己的生活方式和态度。

感情有时候就是这样，你越是卑贱地爱着一个男人，这份爱情就越容易贬值，你在对方心目中的份量就越轻，对方也就越不在乎你。所以，对于女人而言，当爱情来临的时候，你要努力去经营和维护它，但是爱情并不是顺从，你没有必要去成为爱情的奴隶，在爱别人的同时，你同样需要得到尊重，同样需要负责地给自己更多的关怀和保护。只有这样，你才能减少爱情对自己造成的伤害。

7. 婀娜地走开，才不失风范

当一个女人和男人出现感情危机，或者说面临分手时，该如何处理这种情况？也许多数女人都会觉得很痛苦，都会觉得有不甘心，总是努力想要修复这段感情。可是一个破碎的花瓶，无论你再怎么去努力修复，实际上都会存在裂痕，这种裂痕一般是没有办法去完全弥合的，正因为这样，当你觉得没有必要继续这段感情的时候，一定要果断地离开，要表现出自己的风度，不要再恋恋不舍，不要再纠缠不休，不要像其他女人一样一哭二闹三上吊。女人要赢得起，更要输得起，哪怕输掉了这段感情，你也要保持自己的修养。

很多女人在分手之后，喜欢继续死缠烂打，甚至以自残自杀相威胁，其实这种极端的做法只会让你的形象更加糟糕，只会让男人对你更加敬而远之。有些女人可能会选择报复，她们不甘心自己被甩，不甘心第三者插足，不甘心对方如此没良心地弃自己如无物，所以总是想办法挽回一点面子，想要出一口恶气，正因为这样这些爱的越深的女人往往恨得越深，会变成一个可怕的报复者，而这样的女人显然更不值得男人去爱了。

徐志摩说："轻轻地我走了，正如我轻轻地来。"女人在对待感情的时候，也要保持这种洒脱和风度，要保持自己的修养，爱要爱得轰轰烈烈，分手也要分得坦然和决绝，不要让别人认为你是一个无理取闹的麻烦女人。

女人应该提升自己的修养，当你和一个绝世好男人分手时，你要庆幸自己曾经拥有过他，要庆幸自己享受过这份爱；如果你的男人是一个极品浑蛋，那么也不要动气，你要庆幸自己摆脱了他；如果这个男人曾经爱过你，那么分手时你应该献上一句祝福，愿他找到新的幸福；如果对方并没有真心爱过你，你也要保持尊严和风度，冷静地走开，不要再因为这样一段不值得拥有的感情而动气。

好女人总是能够得到幸福，也许你一时失意，一时错失了爱情，但是只要你坦然面对，只要你乐观对待生活，那么幸福很快会再次找上门来。如果你纠结于过往不肯放手，或者总是纠缠不休，这显然会阻断你获得幸福的权利和机会。

人生就应当好聚好散，凡事都要随缘，不能太过勉强，聪明的女人应该在分手时潇洒转身，不要让自己深陷爱情的泥潭而不可自拔。那么，一个女人怎样做才能避免不失风范，才能在分手时保持理性呢？而怎样的分手才能让你保持身价，才能让你魅力不减呢？

第一，避免死缠烂打。

女人在分手后往往会心有不甘，希望男人能够回心转意，于是会进行死缠烂打，殊不知越是死缠烂打，越是惹人嫌弃。爱情走到这一步，你的价值和吸引力已经所剩无几了，如果这时候还要纠缠不休，那么只能说你的爱情智商为零，用不了多久，你的形象分一定会荡然无存。其实，顺其自然，洒脱地放手，这才是最能减少伤害的方法。

第二，避免伤害自己。

当爱情远去的时候，一旦女人觉得有心无力，没有办法挽留时，通常会选择伤害自己，甚至是采取自残等过激手段。这样做不仅没有办法挽回男人的心，而且只会然对方更加讨厌你、害怕你、逃避你。事实上，自我伤害永远都是恋爱中最愚蠢的方法，你只会让自己的伤口更大，只会让自己受伤更深。

第三，不要在事后抹黑对方。

爱得越深，往往也容易恨得越深，很多女人在失恋后往往会产生极强的报复心理，她们不甘心被人甩，于是会在分手后，故意破坏男人的形象，比如到处说男人的坏话，到处散播谣言攻击和污蔑对方，要么就是将对方曾经的私事和糗事和盘托出。这样做只能说“姑娘你实在太招人恨了”，感情不在了也没有必要做小人，否则还有哪个男人敢和你交往。

第四，不要否定自己。

对于遭受感情重创的女人来说，男人的离开往往意味着整个世界的崩塌，这个时候她们可能会将全部的责任归结在自己身上，认为正是自己的无能，正是由于自己缺乏足够的魅力，才没有办法留住对方的心。而这种自责自卑的情绪很有可能会影响女人一生的幸福。

第五，不要吃回头草。

在感情世界中，难免会有人旧情复燃，难免会有人想要吃回头草。对于一个女人而言，一生只能被一段感情消费一次，也只能为一段感情真正投入一次，错过了的就没有必要再去追寻了。如果你还想着吃回头草，那么只会自贬身价，让自己在爱情生活中更加被动。

其实女人应该懂得保护自己，既然自己已经被感情伤害过一次，那么就没有必要被伤害第二次、第三次，就没有必要再对这段感情抱有希望，只有及早放手，你才能够获得更多的幸福。

8. 做高贵神秘的女王

女人都对爱情抱有美好的希望和幻想，但是两个人相处久了，彼此之间容易出现审美疲劳，这时候爱情就会褪色，那么在婚恋关系中，女人最需要做些什么，才能够保持爱情的热度呢？对于一个有经验且睿智的女人来说，最重要的就是要保持高贵和神秘。

高贵能够展示出女人的特质，能够展示女人的独立性和个性，表明了这个女人拥有自己的想法和气质，她不会轻易顺从男人，不会当一个事事依赖男人的小女人。她拥有自己的生活方式和思维方式，拥有更为广阔的视野和博大的胸怀，她对于爱情很忠贞，但是保持着一份冷艳的气质，保持着一份贵气，这份贵气能够保证女人魅力十足。另外，高贵的女人从来都不是男人的附属品，从来都不是男人呼之则来唤之则去的侍从，高贵的气质往往让人想得而不可得，这往往可以激发出男人的欲望。

神秘则是保持爱情新鲜度的重要因素，对于女人来说，一旦自己毫无保留地展示自己，一旦毫无保留地付出所有的一切，那么你的缺点也会完全放大出来。更重要的是，你的毫无保留实际上容易使人产生审美疲劳，如果你能够想办法保持一份神秘感，能够让男人觉得你是具有吸引力的，让他们觉得这份感情值得继续挖掘，那么你的价值才会慢慢放大，你的魅力也才会经久不衰。

高贵神秘的气质从本质上来说就是让女人和男人之间保持适当的距离，制造一点陌生感，而正是这微弱的陌生感能够给女人带来很大的优势。有人说过男女之间的爱情就像是一次彼此之间的探索，而探索的第一要素就是陌生和刺激，如果都是自己已经知道的东西，那么探索的激情和动力会下降；如果你始终能够保持神秘和陌生，这样的探索就会更有吸引力，双方之间也会越来越密切，并且这种亲密会更加长久一些。

事实上，很多女人都在潜意识中将自己设定为爱情生活中的配角，认为爱情生活中男人才是主角，自己至多只是王子身边的一个小公主。但事实上，女人应该在爱情中增加自己的主动性，要懂得主动去把握这份感情，你要明白自己不仅仅只是一个顺从的小女人，而应该成为生活中的女王，要让男人见识到你有时候也是轻易不可触及的，也具有独一无二的魅力。

那么，女人该如何保持自己高贵神秘的感觉呢？

首先，要适当保持距离，注意隐藏自己，不要总是将自己全部展现出来。比如在日常生活中，你要适当保留自己的心事，要适当隐藏好自己的一些特质，不能一下子就被男人看穿，很多时候，你应当表现得高贵和矜持一些，太过热烈而直白的表现很可能会让你的魅力大打折扣。

伊丽莎白女王对丈夫平时很体贴，但是她很少将自己最隐私的事情告诉丈夫，而且无论做什么，她都刻意保持一点距离感和神秘感，懂得隐藏自己的想法，这让她的丈夫觉得很新鲜，所以两个人的感情能够一直保持热度。

其次，不要当一个俗气的八卦婆。女人喜欢八卦似乎是与生俱来的，但是八卦其实往往是男人最讨厌的，而且八卦会降低女人的修养和魅力。所以女人平时不要在男人面前聊一些八卦的东西，即便有人聊起这样的话题，你不妨表现得淡定一些，“真的是这样吗?”“哦，是这样啊!”“我不太清楚”“大概是吧!”这种含糊其辞或者是明显不屑一顾的态度，实际上很容易让你在那些碎碎念的女人中脱颖而出。男人也会觉得你很有特质，就像一个高贵的出淤泥而不染的女神。

第三，不要庸俗地谈论一些生活话题。男人都希望自己的女人能够冰清玉洁，一尘不染，就像仙女下凡一样，虽然这样的女人可能根本就不存在，但实际上只要女人不用一些庸俗的语气谈论生活，那么女人通常都会更受欢迎一些。事实上，很多女人都会表现出俗气的一面，比如开口讲脏话，比如非常露骨地讲述自己的私生活甚至是性生活，又或者非常俗气地评论自己和别人，这样的谈话方式只会让男人心生厌恶，他会觉得你是一个没有任何修养和神秘感的女人。

其实，保持高贵和神秘，不一定非要让自己变得更加出色一些，不一定非要让自己成为最成功、最有地位的那一类女人，要知道女人的高贵和神秘感都是一种由内而外散发出来的独特气质，她并不是社会地位能够决定的。每个女人都需要在生活中修炼这样的气质，需要在生活中提升高贵的气质和神秘感，这样你才有机会更长久地俘获男人的心。

9. 用性别优势去成功——女人，就是天生的优势

虽说男女平等，但是在职场中，女性往往容易遭遇性别歧视，受到不公正的待遇。再者婚育、家庭等客观因素的存在，导致女性在很多工作上不具有竞争优势。女性的劣势是客观存在的，但是作为女性，千万不能自卑，而要认识到自己的性别优势，发挥好自己的优势，这样你同样可以笑傲职场。

在人事、后勤等传统意义的工作岗位上，女性早已大展身手了，在其他领域甚至销售等以男性为主的行业中，女性也赢得了越来越多的掌声。可以说，女性在职场中的地位在不断上升。对女性而言，在工作中也应该自信起来，而不要老实巴交地听从男人的指挥和安排，轻易受到男人的意见和观点的影响。

一般来说，女性相比于男性，有以下一些独特的优势：

优势 1：细微而敏锐的观察力。

在职场工作中，离不开人际交往，离不开观察人的身体语言。在这方面，女人就擅长从人的姿态、举止、言行中察觉别人的内心。心理学家通过实验研究得出结论，女人的观察力强于男人，并把这一点归结为母亲的角色体验。因为婴儿在出生后的一段时间，母亲完全靠婴儿的啼哭、表情、动作等来判断婴儿的需要和情感，因而女性的观察力更加敏锐和细微，而男性则较为迟钝。

正是因为女性有细微而又敏锐的观察力，所以，女性在社交场合往往能从容应对，不至于陷入窘境。女性往往可以通过细微的观察，比如，从别人的衣着打扮、言行举止，判断对方的性格，捕捉对方内心的真实想法，从而采取相应的对策。

优势 2：语言表达、沟通能力。

在社交活动中，女性的优势非常明显，那就是女性的语言表达能力胜于男性。有研究证明，男性在说话时只使用左脑，而女性在说话时则同时使用左右脑。因此，在脑功能上，女性的语言天赋强于男性，比男性更善于与人沟通。因此，女性在营销、服务等行业较有优势，在与人沟通中容易给人一种感染力和亲和力。

不知道你是否发现，有些公司很大很有名气，但是老板却不擅长沟通，他们需要专业的职业经理人帮忙完成沟通，这包括与员工沟通，也包括与客户沟通。很多公司的人力资源经理是女性，这是因为女性擅长给别人讲道理，擅长做说服、引导工作。

优势 3：缓解冲突。

女性在与关系亲密的人交往时，往往更具有攻击性。不过，她们的攻击性表现在口头上，而不是肉体上。真正遇到矛盾冲突时，女性往往会选择息事宁人的策略，想尽办法化解冲突，缓解紧张情绪。某杂志曾刊登了一篇关于女警员的报道，文中指出，女警员化解冲突的能力名列前茅。文章还引用一位警察局官员的话："女性在心理攻势上表现得游刃有余……她们往往三言两语就能缓解冲突。"

优势4：打生场、开局面、拉关系。

女性在打生场、开局面、拉关系方面的能力，明显强于男人。比如，女性新到一个单位，比男人更容易被接纳。尤其是那些年轻貌美的女性，更容易快速地融入群体，要不了几天，就会和大家混得很熟。姿色貌美的女性还很容易成为焦点人物，成为大家关注的重点。

与男人相比，女性在工作上比较容易出成果，除了那些尖酸刻薄的女强人，一般女人比较具有吸引力和凝聚力。尤其是当一个女人置身于男人堆中，她的举手投足都会受到男人的欣赏，工作上更容易得到大家的支持。因此，工作起来往往事半功倍，四两拨千斤。

与男性相比，女性在公关上，也非常有优势。尤其是那些相貌出众的女人，她们的出现和接近往往会让男人心花怒放，她们一句甜蜜的问候，一个忽闪的眼神，就能轻易俘获男人的心。难到你没发现吗？在职场饭局中，公司领导总喜欢带着漂亮的女员工去陪酒，为的就是发挥女性搞关系的优势，与客户达成合作协议。

当然，女性的优势还有很多，关键要靠女性自己去发现。所以，在职场中，女人不要自卑，不要太老实，不要甘当男人的助手和陪衬，而要善于发挥自己的性别优势，赢得良好的人缘，让自己在职场如鱼得水。

聪明女人必备的9张牌

CONGMINGNVREN BIBEIDE 9ZHANGPAI

第九张牌 事业：为工作而生活，女人因事业而美丽

女人不到万不得已，一定不要去做“全职太太”，每天只知道围着公婆转、围着丈夫转、围着孩子转，那样你永远都不可能活出自己的精彩。女人一定不能让男人小觑了自己。无论你是富是贫，都应该有一份工作，拥有一份事业。你完全可以骄傲地享受工作，以强者的姿态和男人共担责任、共担风雨，成为打不倒的“半边天”。

1. 为工作而生活，女人因事业而美丽

有些人觉得女人应该以家庭为重，尤其是结了婚、有了孩子后，女人就更应该持家、照顾孩子。然而，如今的社会，有各种各样的开支，仅靠男人一个人来支撑，显然是不够的，女人同样应该去工作，和男人一起支撑家庭。

当然，如果说女人工作只是为了帮男人分忧，那么男人可能觉得女人太小瞧他们了。其实，女人工作还有更高的追求，那就是实现自己的价值，让男人不再小觑自己。这样对女人赢得男人的尊重和疼爱，对维护家庭稳定有更加深远的意义。不信，就来看一个例子：

佩佳大学毕业后在一家公司认识了刘健，经过一年的恋爱，两人结婚了。之后，他们的孩子出生了，佩佳辞去了工作，在家照顾孩子。与此同时，刘健也辞去了工作，和几个朋友合伙在外地创业，自己做起了生意。

刘健每天忙于生意，无暇顾及家里的妻儿。虽然这段时间生活很困难，但是刘健和佩佳的感情却很好。经过两年的奋斗，刘健的生意慢慢步入了正轨，后来公司接了几笔大的订单，生意开始好了起来。之后，刘健买了房和车，把佩佳和孩子接了过去。

很自然，佩佳做了家庭主妇，每天接送孩子上幼儿园，操持家务。虽然不愁吃，不愁穿，但是生活非常单调乏味，她经常觉得心里空荡荡的。起初刘健表现还不错，每天忙完公司的事情，就回家陪佩佳和孩子。但是渐渐地，他和佩佳没什么可聊的，两人只是坐在一起看电视。后来，刘健

索性借口工作忙，很晚回家，有时甚至不回家。

佩佳看出了丈夫对自己的冷漠，但是令她万万没想到的是，她的丈夫居然有了外遇。有一次，她到酒店去看一个朋友，无意中看见刘健和一个年轻美貌的女人亲密地从酒店出来。凭着女人的直觉，她知道丈夫有外遇了。后来，佩佳的猜测得到了证实，经过一番痛苦的思想斗争之后，她向刘健提出了离婚。

离婚之后，佩佳用以前攒的钱和平时刘健给她的钱来创业，做了一个著名内衣品牌的区域代理人。虽然她没有什么独特的能力，但是她勤奋努力，每天奔波于各家商场，了解市场，分析客户，努力推销产品。功夫不负有心人，经过半年的努力，佩佳的第一批货终于被商场接受了，而且卖得很不错。

在初步熟悉服装行业后，佩佳不再满足于小市场了，她决心走出去，把产品推向更广阔的市场。她的计划很快得到落实，产品在外地卖得也很火。这个时候，刘健对佩佳刮目相看，他之前以为佩佳离不开他，但现在不得不改变看法。他开始后悔失去了佩佳，于是想办法让佩佳回到身边，并经常打电话嘘寒问暖，还多次约她一起吃饭。考虑到他们的孩子，佩佳答应和刘健重归于好。

佩佳的故事告诉我们，一个女人只有拥有自己的工作、拥有事业，才会令男人刮目相看，才会具有独一无二的魅力。也许你不能像佩佳那样拥有一份属于自己的事业，但是你一定要有一份工作；也许你的工作比较辛苦，一个月只挣千八百块钱，而你丈夫很有钱，他劝你别上班，说你上班是找罪受，可你千万不要和他一样想，因为对女人来说，拥有一份独立的经济来源是必不可少的。

女人有了工作，每天有事可做，生活才会变得充实；女人有了工作，每天朝九晚五，可以和公司里的同事以及外界打交道，生活才会变得丰富多彩；女人有了工作，每天要出门，适当的着装打扮是必须的，这样女人才会变得迷人；女人有了工作，每个月都能领回自己的劳动所得，用这笔钱，女人可以给自己买化妆品，可以给丈夫买些礼物，还可以补贴家用，这样女人会活得有价值感和成就感。

在如今这个时代，女人不能再像旧社会那样，在男人的保护下生存，不能太过依赖男人，把一切生活来源都寄托在男人身上。女人应该骄傲而快乐地去享受工作，以强者的姿态和男人共担责任，共担风雨。这样女人才会更加美丽，更加迷人。

颜云大学毕业后，在一家网络公司负责网页设计、组织网站建设，还在网上做销售，业绩也比较好。结婚之后，她继续上班。

颜云的父亲经营乐器产品，在网络销售如火如荼的电子商务时代，他多次提醒颜云帮他建一个网站，通过网络销售乐器。在父亲的引导下，颜云萌发了创业的冲动，她给父亲的乐器产品建了一个网站，以乐器销售为主要业务。

一段时间后，网络销售的效益相当不错，于是颜云干脆辞去了原来的工作，告别了给别人打工的日子，全身心地和父亲经营乐器产品。没想到，他们的生意越做越火，后来颜云把丈夫也“拉下水”，成立了一个家庭公司。仅仅用了两年时间，他们就赚了近百万，顺利地在当地买了房子。之后，他们的干劲更足了，不但生意红红火火，而且两口子的感情越来越好，羡煞了很多亲戚朋友。

无论你是富是贫，都应该有一份工作，有一份自己的事业。这不仅仅是一项谋生的手段，也是生活不可缺少的一种追求，还是实现自我价值的一个重要途径。所以，女人一定要把握自己未来的方向，把自己的人生掌握在手里，千万不要因为家庭生活的琐碎而放弃工作。

工作使女人更美丽了，但也要注意，工作只是生活的一部分，而不是生活的全部。工作的同时，不要忽视了自己的家庭，也不要忽视了自己的身体。如果为了工作忽视了夫妻感情或把自己累趴下了，那就太得不偿失了。只有平衡好工作和家庭，女人才是最聪明的，这样的女人在男人眼里才会散发出迷人的魅力。

2. 不做职场中的“怨妇”

对于女人来说，爱抱怨仿佛是天生的，倘若现代女人把抱怨搬到职场上，那不仅不会博得同情，反而让人更加厌恶。

那么，与其成天抱怨碰到不识才的老板、小心眼的上司，又或是有人给你穿小鞋，经历同事间的种种矛盾。面对不公平的待遇，成为“怨妇”，不如趁早改变自己，这才是聪明女人的选择。

刘枚是某公司的小职员，来到公司也有一年了，涨工资却一点苗头也没有。看到别人拿着比自己多的奖金，刘枚总是跟身边的人抱怨：“成天累成这样，也没有多少钱，干个什么劲儿啊！”日复一日，话最终传到了经理的耳朵里。一次开员工大会，经理说：“我最近听到一些员工抱怨工资少，加班多，现在想进这个公司的人很多，如果你们实在适应不了，可以选择离职，如果你不想走，那就把事情做好，总之，我尊重你们的选择。”此后，刘枚再也不敢抱怨了，而是踏踏实实地把自己本职工作做好。

一年后，由于刘枚的出色表现，还是在年底的员工大会上，经理当众表扬了她，并提到来年为她加薪。当面对一切你所谓“不公平”的待遇时，倘若你选择了抱怨，沉浸在消极的情绪里，那么你所经历的这一切，对你的人生不会产生任何积极的作用，可以说你白白遭受了一场痛苦而一无所获，最后还给人留下一个“职场怨妇”的印象。

不妨换个角度想想，当你想抱怨工资低时，先想想自己处在什么职位；当你想抱怨加班时，先想想为什么在工作时间内我没有提早完成；当你想抱怨办公室温度低时，不如趁早为自己加件毛衣。

如果你想排解愤世嫉俗的情绪，想让自己心平气和，就不要抱怨，不要逃避现实。生活是主观的，多数人爱挑剔、爱抱怨，拒绝接受现实的遭遇，却不明白在自己满腹牢骚、激动愤慨的时候，更会作出错误的决定。

经常抱怨的人缺少一颗感恩之心，他们看不到生活慷慨的赐予。因为不愿付诸行动，不愿努力去改变现状，于是没完没了的抱怨就出现了。长期的抱怨情绪，会使自己迷失前进的方向，使自己处于烦躁而消极的状态。

站在公司的立场来说，抱怨更是不可接受的情绪。抱怨不但磨损每个员工的士气，降低工作效率，而且是一个组织的腐蚀剂，把员工的思维方向引入歧途，最终会形成一个黑洞吞噬企业本身存在的良好气氛。

管理学家指出企业存在正式组织和非正式组织两种不同形态，而抱怨情绪通常会从非正式组织发源，不断蔓延和渗透，最终如同染色剂一样把公司本身存在的良好气氛改变，让企业大力宣扬的企业价值观成为虚设。而在现在这个商业环境日趋复杂，企业员工协作无比重要的时代，一时抱怨，最终会埋下无穷隐患。

所以，永远不要带着抱怨的情绪面对生活，即使生活给予你的是艰难与困苦。改变人生的态度，你就一样可以将它们踩在脚下，提升自我。抱怨并不能改变一个人的命运，只能使人更加颓废；抱怨只能繁衍过去的不幸，加重人的负面情绪和不满情绪。抱怨已不止是人性的迷茫，更是人性的溃疡。不要抱怨太多，不要盲目地去羡慕别人，“与其临渊羡鱼，不如退而结网”，放下抱怨开始行动，耕耘好自己的一方田地。

抱怨终究不是办法，乱抱怨瞎抱怨更是无聊透顶，哪个上司会喜欢这样的你呢？那么赶快摆脱你职场“祥林嫂”形象吧，何不做一个优雅的女子，何不换一种思维方式，把抱怨换做你行动的动力，也许抱怨背后的那种思维会带给你更深的体会和更美好的职场心态。

3. 付出才有回报，做事就要兢兢业业

有一部分女人工作从来不尽全力，尤其是现在的年轻女人都娇生惯养惯了，即使踏入了社会，走上了工作岗位，还是不会主动去拼搏，更不用说全力以赴了。

虽然如此，在她们懒散的行为下却还有一颗充满理想的心，她们整天做着不同的美梦，可能是幻想某天可以成为人人惊羡的女老板；也可能希望自己突然中了彩票，成了富婆；有的还做着有朝一日能嫁入有钱人家的“白日梦”……这是时下许多年轻女孩的通病。也许有梦想是好的，但是前提是这些梦想能够激发我们的斗志，让我们愿意为之努力拼搏、全力以赴。

那些所谓的女强人们，没有谁的成就是坐等而来的，更不是幻想得来的，她们的成功都是一点一滴的心血和汗水拼凑起来的。

撒切尔夫人说：“我将每一分钟看作60秒冲刺赛。”为了自己的政治梦想，撒切尔夫人结婚后开始攻读法律，因为知晓法律在参选议员时有很大的作用。在1953年，也就是她的双胞胎儿女出生的那一年，撒切尔夫人成功取得了当律师的资格。

在作为在野党预备内阁人士时，撒切尔夫人不断搜集数据与信息，最终以无法反驳的语言击败了对手。

后来，为了保守党领袖的竞选，撒切尔夫人马不停蹄地到全国各地进行演讲，在此期间，她每天总是早上7点起床，一直忙到次日凌晨两三点多钟才就寝。

在英国，当选的首相在一般情况下会在一昼夜间公布其新内阁22名阁

员名单，否则的话就会被视为不正常。为此，撒切尔夫人在入主唐宁街的第一天，就必须要全力以赴地完成这一项艰巨的任务，她以惊人的工作效率，仅用一个周末的时间，就把22名阁员和约60名阁僚任命完毕。

这就是撒切尔夫人，不管她做什么工作，都会拼命付出，全力以赴做到最好。而跟撒切尔夫人具有同样品质的美国国务卿希拉里，对自己的梦想和工作也是毫不懈怠。

1998年秋天，希拉里开始考虑竞选纽约州参议员。她全身心地投入到了马不停蹄的竞选活动中去。她周游美国，足迹遍及全美20个州，参加了大约50场募捐会议，在34场群众集会上发表演说，募得了上千万美元。这看起来有点儿疯狂，但是却是英雄般的疯狂。

克林顿曾在电视采访中说道："希拉里什么工作都做得来，我在政界找不到比她更能干的人，包括我自己在内。她曾打算不参选参议员，她在竞选问题上是十分矛盾的，但无论她接手什么工作，她都会全力以赴做到最好。"

不要认为自己是女人，就可以放弃拼搏，就算是女人，也应该堂堂正正地靠拼搏和付出立足于天地之间。如果你不是天生含着金汤匙出生的有钱人家的公主，那么你除了拼搏和奋斗，没有其他的选择。你要相信，只要你愿意付出汗水，总有一天你会得到回报的。

钟革惠是深业地产公司市场营销部经理，她从事房地产行业已有13个春秋，经历房地产市场的数次高峰与低谷，品味了其中的酸甜苦辣，她却以感恩之心享受着工作带来的快乐。居者有其屋是大多数人的梦想，房地产工作正是实现大家居住的梦想，创造宜居的城市居所。中国的房地产市场不断地走向成熟，她也从稚嫩走向成熟，逐渐具备与团队一起行动的协调性，乐观的接受，不懈的努力去实现心中的梦想，通过工作使人生丰富多彩。

13年的地产职业经历让她深深体会到，从事一项工作需要激情与能量，能量能激励自我，燃烧激情。能量的来源是热爱本职工作，无论从事什么岗位，只要全力以赴地去干就能产生成就感与自信心，就会产生向下一个目标挑战的积极性，在这个过程的反复中会更加热爱工作。

也许有很多女人会想：我运气没有别人好，我也不够聪明漂亮，干嘛还要那么辛苦去争呢？这种想法是极其错误的。因为每一个光明的前途，每一份事业的成功都是女人拼搏出来的。女人们一定要相信付出才会有回报，幻想是不可能实现目标的。只有经历过汗水的浇灌，成功之花才会开得越发艳丽。

4. 提升工作能力，让事业之花不断绽放

想要成为一个优秀的职员，想要成为人人羡慕的“职场霸王花”，最重要的不是看你多么漂亮，不是看你有多少人脉资源，而是要看你的工作能力是否出色。毕竟职场还是要凭借实力来说话的，实力不强的话，你很难获得发展的机会，因为没有多少领导会愿意冒险将你提拔到一个你不胜任的位置上去，这样只会破坏职场的平衡，会降低工作效率。

女人想要获得认可，那么就要有过硬的能力和素质，你要让别人觉得自己并不是一个毫无用处的花瓶，自己并不是依靠关系在职场上立足的。换句话说，只有拿出自己的真本事，只有在技能上压倒众人，你才有足够的说服力，才有足够的资本赢得更多的机会，赢得更多的关注和尊重。

如果你想要自己创业，想要自己去拼搏的话，那么更要懂得提高自己、充实自己，毕竟在竞争环境中，没有人会因为你是一个女人而手下留情，你想要生存下去，那么就要有过硬的本领，就要有足够强大的内心，

就要懂得不断去完善自己的不足，不断去提升自己的能力。一个能力不足的女人，是没有足够的资本和实力在竞争中生存下去的。

物竞天择，适者生存，这永远是生存的法则之一。想要生存下去，你要做的就是提升自己的能力，就是尽量让自己成为最具实力和竞争力的那一类人。泰国总理英拉曾经说过：“无论在什么样的场合，男人都最容易成为主导，因此对于一个女人来说，你要做的就是让自己变强，这是你生存的唯一机会。”在工作中也是一样，如果你没有办法获得成功，没有办法拥有高人一等的技能，没有足够的实力，那么最终被淘汰的人只会是你。

尽管很多女人一直认为自己是弱势群体，都认为自己无论做什么都比不上男人，无论在什么环境下都没有办法得到公平和尊重，可实际上想要和男人平起平坐，这样的机会是需要自己去争取和创造的，如果世俗环境给了你很多的压力和不平等的待遇，那么你就要努力去提升自己，努力去改变这种不平衡。在职场上，女人想要获得成功的确要比男人更难一些，且不说女人和男人在职场上的比例还不到4：6，成功的比例更是只有2：8，相对于男人来说，女人想要事业有成似乎要困难得多，但是这不应该成为女人放弃努力、甘于落后的借口。只要你想要获得成功，只要你想要争取更多的胜算，只要你不断投入自己的精力，女人一样可以在工作中大放异彩，一样可以比男人做得更加出色。

董明珠是中国商界的一个传奇女企业家，她堪称近年来中国最具魅力和影响力的女企业家，在她的带领下，格力电器成为了一个世界级的大品牌。实际上董明珠并不是格力的创始人，也不是元老级的人物，但却是最具影响力的人物，我们可以说是格力造就了董明珠，但同样也是董明珠造就了格力。

1984 年，董明珠的丈夫不幸去世，而当时她的儿子只有两岁，这让她感受到了强大的压力。几年之后，她不得不决定南下打工，而那一年她已经是一个36岁的单身母亲了。当时她去格力电器公司应聘职员，成为了最底层的员工之一。尽管如此，董明珠从来没有灰心丧气，她觉得只要自己坚持下去，只要自己不断提升自己的工作技能，那么自己就有机会获得更好的发展机会，正因为如此，董明珠一直都是公司里最勤奋、最努力、最好学的职员之一。

当时她负责产品的营销，而为了提升自己的营销技能，她努力学习，而且还经常向老员工求教，这样她的业务能力慢慢有了很大的提高，再加上为人比较坚毅和执着，因此很快成为了追讨债务的“高手”。那时候她连续追讨40天，终于要回了43万元的欠款，从而轰动了整个公司，为此她也获得了提拔。

由于勤奋努力，董明珠的销售能力和业务技能不断得到提升，到了1992年，公司安排她去安徽开拓市场，结果董明珠在安徽创造了1600万元的销售额，这是公司业绩的八分之一。而此后，她又被委派到南京开拓市场，在寒冬季节，她曾一下子就拿下200万元的空调单子，正因为如此，董明珠成为了格力空调开辟市场的先锋人物。要知道那一年，董明珠个人的销售额达到了惊人的3650万元。

正是因为董明珠注重个人能力的完善和提高，懂得不断学习和改进，她才能够从一名基层员工快速爬到经营部部长的位置，接着是销售公司经理、公司副总经理、公司总裁、副董事长，最后成为了集团董事长，人生事业步入巅峰。

有付出就一定会有收获，有努力就一定会有进步，当你想办法充实自己、提高自己的时候，别人一定会看到你的努力和实力，一定会为你的人生鼓掌、喝彩。如果你是一个聪明的女人，如果你一样心怀梦想，那么就不要总是抱怨不公，不要总是消极面对工作，你应该主动去提高自己的生能力，这样才能够确保事业可以开花结果。

5. 工作不是挣钱，而是挣未来

提起工作的目的，很多人最先想到的肯定是工资，是钱，是养家糊口。事实上，工作和钱向来都联系紧密，有着不可分割的关系，挣钱的确是工作的一个重要目标。如果说谁工作不是为了挣钱，那么也很难令人信服。不过，钱虽然是工作目的之一，但绝对不是唯一的目的，而且在很多时候也不是最重要的目的。

将钱作为第一目标，实际上是一个短视行为，毕竟工作还有很多的意义，其中最大的意义就是为了创造未来，而未来并不是钱能够代表的，未来还包括个人的长远发展、个人的理想实现、个人的价值体现，等等，这些东西比钱更加重要。如果我们只看到钱，或者只愿意为钱去付出去工作，那么这种工作状态实际上比较消极，而且很容易产生倦怠心理。

事实上，很多工作人员在工作一段时间之后，就会感到厌倦，感到疲劳，就是因为他们过于看重金钱，将工作当成挣钱的手段，而没有投入自己的热爱和感情，最终会随着工作压力的增加而感到痛苦。因为他们会感觉到自己是被逼迫的，在心态上也会显得消极和被动一些，从而变得更加悲观和不满。

此外，有些人在工作的过程中很容易跳槽，他们并不看重未来发展的潜力，并不看重自己是否适合这份工作，并不看重自己是否需要这样一个良好的发展平台，而是一切向钱看，一切都从金钱和工资的角度来进行考量，只要稍不满意就跳槽，结果由于目光短浅，而错失了更多发展的好机会。

有人认为女人只需要安稳过日子，因此应该注重金钱因素，而不要去考虑其他的什么因素，毕竟钱是最实在的。可实际上女人也需要树立一个目标，也需要树立远大的理想，也要拥有一个实现价值的舞台。依据马斯洛理论，挣钱实际上只是人的低等需求，人其实拥有自我实现和获得他人认可的需求，因此很多人应该将工作当成一种事业，当成一种实现自身价值的平台来看待，而这才是一个工作者最应该重视的。

奥黛丽是华尔街某对冲基金公司的职员，在2009年正式上岗，当时她的工资只有象征性的月薪1500美金，这和那些动辄年薪数百万、数千万美金的大佬相比，简直不值一提。毕业于哈佛大学的奥黛丽原本可以在其他公司谋一份很不错的职业，至少工资应该会高上数倍，甚至于数十倍。但是奥黛丽认为自己向来就喜欢基金和炒股，而且生性好强的她非常喜欢华尔街的氛围，她渴望自己能够成为华尔街之狼。

正因为如此，奥黛丽不顾家人反对，毅然决定留在华尔街，领着只能维持温饱的卑微薪水。由于当时的股市并不景气，公司里的工资和奖金非常有限，因此她必须做好几个月甚至一年都不涨工资的心理准备，但是心怀大梦想的奥黛丽并不怎么在乎，对她而言，这只是一个舞台，一个能够帮助自己实现价值和理想的平台，她更看重的是未来的发展。

到了2013年，奥黛丽所在的公司获得了快速的发展，而奥黛丽也在长期的锻炼和磨砺中提升了个人的业务技能。由于表现出众，老总提拔她为业务经理，而且将她的薪水提升到了年薪400万美元，更重要的是，她还能够拿到公司的年终奖金和盈利分红。这样一来她的年收入已经超过了华尔街绝大多数的人，而奥黛丽本人也已经成为了华尔街最炙手可热的“对冲基金女王”。

有人说过，你如何看待自己的工作，将决定你能够将这份工作做得多好。如果你只是将工作当成一个挣钱工具，那么你能够投入的精力和努力往往非常有限，因为你很有可能会按照工资的价位来出牌，工资高一些，你就多做一些，工资低一些，你就少做一些，这种状态实际上容易损伤个人的工作积极性，容易让人丧失兴趣和信心。

如果你愿意将工作当成事业来对待，你愿意将其当成实现个人价值的机会，如果你对于未来有着更为明确的规划，有着更为远大的理想，那么你必定会尊重自己的职业，必定会全身心投入进去，必定更富有激情和创造力。在这种良好的状态和目标的指引下，你的工作能力一定会越来越出色，你未来的道路也会越来越宽广。

6. 在办公室千万不要树敌

老实女人有一个共同的特点，那就是不太圆滑，为人处世棱角分明，很容易得罪别人。这样一来，她们就很容易树敌。也许老实女人没有意识到在办公室树敌后果的严重性，如果用一句话来总结它的后果，那就是：在办公室树敌等于找死。

一年前，李玲进入一家文化传播公司工作。对于新人来说，初入职场原本要把精力放在熟悉业务、搞好人际关系上，以便在最短的时间内适应工作，适应公司的环境，站稳脚跟。但李玲却是个例外，她一直抱着防备的心态与人相处。如果有同事表示要帮助她，她不但不感激，反而加倍防范，生怕被人陷害了。而对于公司里的事情，她则单纯地想到什么就说什么，而且不注意措辞，导致她在言语上得罪了别人。

有一次，李玲看到一位公司新人的名字与一位老同事的名字同时出现在作品上，这让她感到很震惊，于是她跑到那个新人面前，不假思索地说："你好大的能耐啊，刚进公司才两个月，就把某某搞定了。"虽然李玲只是说笑，但是那位新人听了却心里很不舒服，后来那位老同事听说此事，对李玲也有不好的印象。

就这样，李玲经常在无意间得罪同事，导致大家都不愿意和她多接触。渐渐地，李玲在办公室里成了边缘人物。大家有活动也不愿意告诉她，她遇到麻烦也没人愿意帮助她。在这种情况下，她的业绩基本是末尾。最后，她只好在失意中辞职走人。

职场中，像这样的老实女人并不少见，其不良的同事关系主要是由她们的防范心理造成的。事实上，同事并不是我们的敌人，我们没必要和别人成为死对头。很多老实女人不懂得这个道理，她们即使表面上和别人一团和气，内心却过分偏执地防范人家。在这种情况下，活得是不是太累了呢？又怎么有心情来工作呢？

对职场中的老实女人来说，树敌过多，不仅会使自己迈不开步，还会影响正常的工作。而当一个人无法做好工作时，怎么保得住“饭碗”呢？如果真的因为树敌过多导致工作丢失，岂不是和自己过不去吗？所以，还是学几招，避免在办公室树敌吧！

第一，不要随意指责别人。

老实女人心直口快，一旦发现了别人的错误，就会直接指责别人，丝毫不顾及别人的情面，被指责的人肯定心里窝火，自然对他没有好感。这样一来，老实女人自然没有好人缘，大家都会避开她们，唯恐被她的快言快语和直截了当戳痛。

所以，如果你想有一个好的人际关系，避免在办公室树敌，就要改变随意指责别人的做法。你要明白，直接指责别人，尤其是在众人面前指责某个人，会让对方面子上过不去，会伤害对方的自尊心和荣誉感。你可以通过微笑、脸色、语调、手势来暗示别人，委婉地表达自己的意见；你还可以在众人面前支持别人的观点，在私下里向别人提出意见，这样不但不会伤害别人的面子，反而会赢得别人的好感和感激。

第二，不做好斗的“公鸡”。

很多老实人遇到难堪的误解或遭到别人不公平的批评时，会情绪激动地回击，就像受到挑衅的公鸡一样竖起头上的羽冠，但是“斗”起来并不能解决问题，并不能化解误会，还你清白，反而会导致矛盾越来越大，误解越来越深。因此，你最好学会控制自己的情绪，在即将爆发的时候暗示自己“这样不好”，把怒火平息下来。

第三，不要过于张扬，不妨“装装熊”。

很多年轻气盛的老实女人傻傻地表现自己，却不知道自己已经锋芒过露了。俗话说“树大招风”、“枪打出头鸟”，即便你有“两把刷子”，但如果你总是张扬自己，不把别人放在眼里，势必会被大家孤立。谈佳的遭遇就证明了这一点：

谈佳在一家颇有名气的出版公司，她工作特别卖力，加上精力充沛，她总能及时完成领导交给她的任务。在公司里，无论和谁相处，她都是那样神采飞扬。领导对她的工作能力非常满意，她自己也觉得挺风光。

可是，不久之后她发现同事们都有意识地疏远她，有些同事还在领导面前打她的小报告，有些同事明明举手之劳就可以帮她，但就是不肯帮忙。后来谈佳反思了一下自己，发现原来一切都是自己锋芒太露所致。渐渐地，她学会了“示弱”。她主动放低姿态，向老同事请教问题，虽然老同事表面上说：“这么简单的问题都不懂啊！”但谈佳看得出来，老同事非常乐意帮忙解答。渐渐地，谈佳的人际关系好转了。

可见，适当的时候装熊，可以化解同事的不良看法，可以修复自己不良的人际关系，把“敌人”变成朋友。

7. 学会和不喜欢的同事相处

女人总是容易冲动，习惯把喜怒哀乐表现在行动上。平日里，如果我们遇到了不喜欢的人，可以对他采取不理睬的方式，更甚者会直截了当地告诉他："我讨厌你！"大不了对他说拜拜就是了。然而在职场中，我们不可能因为自己不喜欢这个人就让他走开，当然更没必要因为他而放弃自己好不容易打拼下来的事业。所以，这时的我们就必须学会与那些不喜欢的同事相处。

倩倩是一家公司策划部的职员，最近在工作中一直情绪低迷，甚至每天都不想上班。这是为什么？原来倩倩要和办公室里人品极差的一名同事王敏合作一个项目，这个人在办公室里不是想控制别人的工作，就是要指使别人为她服务，是公司绝对的"刺头"。这件事着实让倩倩头疼。

倩倩常向她的朋友们抱怨此事，朋友们则建议她不妨先试着与王敏交往一段时间。但在倩倩看来，那是万万不可能的事情，倩倩觉得王敏的人品不好，根本不值得交往。于是朋友们再次对倩倩说："你也许很讨厌王敏，但你需要完成你的工作计划。王敏现在是你的同事，你就得包容、忍耐。记住，人品和工作完全是两码事。"

听了朋友的话，倩倩开始试着对王敏和善起来，甚至主动提出与她一起吃饭。慢慢地，两人的合作越来越顺利，工作进度也加快不少，得到了上司的称赞。

其实同事不用一定变成朋友，讲究的只是合作。有时候他们的所作所为、行事说话并不是我们喜欢的，甚至非常讨厌。比如女同事有时会说一些尖酸刻薄的话来刺激你；几个男同事会围在一起讲一些黄色笑话，完全忽视了你的存在；又可能领导今天无缘无故地就冲你发了脾气，等等。当遇到这种情况，我们要尽可能礼让、容忍，没必要引起冲突，搞得像仇人一样。当然，如果他们的所作所为着实侵犯了你，或者与你的利益发生冲突时，我们也要学会适当的防范与反击。

对于那些笑里藏刀的人，表面上跟他维持友好关系，但暗地里却要防范他，一切与他有关之公事决策汇报均要召开会议，并请来有关人等出席；其他公事上的情报则一律采取避而不谈的策略，同时与他的交往只限于公事，个人隐私甚至其他同事的是非一概守口如瓶，只要凡事有所保留，他便无法向你下手了！

至于爱挑拨离间的人，最佳方法是在工作时间以外跟他们保持距离，并切记言行要谨慎，避免有任何“痛脚”给他抓着。可能的话，大可连同其他同事一起孤立他，令他变得势孤力弱。

碰到好生事的同事，切莫提意见或妄下断语；要是事件与你有关的亦只宜保持低姿态，所有公文必须依足手续，要作报告的话，好好将事件始末以白纸黑字呈报上级，是与非就由他去裁决好了，当然别忘了维持你的风度，事后也应保持缄默。

其实人的好坏没有那么明确的划分，也许就因为发生了一点小矛盾，你就决然地把他列入了“黑名单”，难免会有些草率。多想想身边人的优点，你也许会发现，某某今天做的事让我这么讨厌，但我刚刚进公司的时候还是他帮助我解决了一些困难呢。如果你总这样想、这么做，你就会发现其实身边还是有很多可爱的人，我们没必要对他们抱有那么大的敌意。

都说女人是水做的，有时却拥有火一样的脾气。有句话说：“上善若水，水善利万物而不争，处众人之所恶，故几于道……”其实这句话同样适用于职场。学会以微笑示人，即使是对那些你不喜欢的人。你会发现包容和尊重才是对他们最有力的回击。

8. 站队是门很深的学问

职场中看似一团和气，实际上时刻充满了明争暗斗，这就是职场政治。职场政治总是风云变幻，无论你处在什么位置，无论你在公司是什么样的角色，你都逃脱不了职场政治的影响。

或许你只是一个一线员工，根本参与不到争执角逐中，但是你身上有独特的能力和价值，可以让政治角力中心的大人物对你有所期待，他希望你站在他的队伍里，增加他的竞争力。当然，即便你对他没有多大的价值，但像你这样的小兵小卒凝聚在他的周围，也会增强他的力量。关键时刻，有小兵小卒的投票，他也多几分胜算。只要他升职了，你自然不会吃亏。

小萍毕业后，在一家私营企业做行政文员。虽然待遇不是很好，但能接触到各方面的工作，对她是一种很好的锻炼。小萍的直属上司是两位副董事长。张总年轻有为，做事果断，给公司赢取了不少商机，很受董事长器重；王总年长稳健，做事得体，曾力排众议阻拦了几笔看似利润可观的业务，最后证明他是正确的，避免了公司受到经济损失。两人各有千秋，共同管理公司事务。

起初，小萍很庆幸自己遇到了这两位上司，可是时间久了之后，她发现自己身陷困境。一天早上，张总对小萍说："公司的后勤管理很乱，原因是缺乏有效的管理制度，你结合公司的具体情况，起草一份制度，等董事长回来，到时候会讨论你这个制度的可行性。好好起草，这是对你工作的一种考评！"

张总的身影刚消失，王总就神秘地出现在小萍跟前，他对小萍说："张总是不是让你起草规章制度？还说是对你的一种考评，对吧？"他的话让小萍大吃一惊，心想王总是不是偷听了刚才张总的话和自己的对话。

没想到，王总不屑地说："年轻人，别瞎想了，不懂得咱们公司这潭水有多深，前几个文员都是这样被裁的。"小萍一听就急了，说："那我该怎么办呢？"

王总朝周围看了一眼，快速递给小萍一叠文稿。"这是董事长对后勤管理提出的建议，你照着这个意见起草后勤管理制度就可以了。"小萍感动得眼泪都要出来了，连声道谢。王总小声地说："不用感谢我，我帮你，只是不想让小人猖狂。”

果不其然，当小萍按照董事长的建议制定出后勤管理制度时，董事长看完非常满意，给了她很高的评价。老实的小萍不想埋没王总的功劳，很坦然地对董事长说：“多亏王总指点我，我才能把这个后勤制度做好。”

此话一出，小萍就意识到不该说，他偷瞄了张总一眼，发现他的表情不太高兴，嘴角不自然地翘起，有一种明显的讥讽。董事长笑着说：“难怪做得这么好，原来是有老师指教啊！不过也好，不懂就要问嘛，好好学习，才有进步。王总做得对，积极培养新人，这样公司才能发展更快。”这一刻，王总的脸上露出得意的神色。

这件事之后，张总对小萍明显生分了一些。小萍知道自己不小心得罪了张总，而且经过她暗中观察，发现董事长其实更器重张总，于是开始有意识地针对张总的喜好来表现，给了张总很大的支持，慢慢赢得了张总的信任和好感。后来，王总被董事长辞退，张总向董事长建议道：“以前是两个人工作，有人分担压力，现在只剩下我一个人，我想让小萍做我的助理。”董事长答应了，从此，小萍的地位有了质的飞跃。

说了不该说的话、得罪了张总，老实巴交的小萍终于开窍了。经过一番深入观察，了解到张总才是董事长的心腹之后，小萍果断地站到了张总的队伍里，最后在公司也获得了很好的发展。可见，在职场也要学会站队排队，千万不能站错了队伍，否则倒霉的是自己。

或许有些老实女人会说：“我就想做独行侠，只想保持中立，不想拉帮结派。”这种单纯的想法在职场根本行不通，因为有些事情你没法不参与，如果你事事回避，那么你注定会被孤立。所以，为了生存，你不得不开始学得聪明一点，给自己找一个靠得住的保护伞。

身在职场，再老实的你也希望有安全感，有可以依靠的靠山。这就要求你像小萍一样，在看准不同队伍之间的实力和未来趋势之后，果断地偏向于某个人物，跟他走得近一些。这样在你遇到困境的时候，你才可能得到“头儿”的庇护；在“头儿”获得晋升的时候，你才可能得到提升。这是职场政治强加给你的“规则”，你只有适应、遵循这样的规则，才能在职场走得更远。

9. 爱上你的工作，但最好不要爱上你的老板

女人进入职场后，大部分时间都是在办公室度过的，这里不乏很多精英人士，让你崇拜、羡慕，甚至爱上。尤其是遇到人品才气俱佳的上司，与上司的办公室恋情似乎就不可避免了。

故事的起因往往是浪漫的，也许在你面试的当日，他就给了让你颇有好感的一笑；又或者，在你走进办公室的那一刻，你就对他暗送秋波，他也心有灵犀地感受到。但最后好梦成真的终归是少数，多数人还是那些痴迷的失落者，在伤痛里缅怀逝去的爱情，直到梦醒后才明白，原来那不是爱，不过是爱的错觉。所以，女人可以爱上你的工作，而老板，还是保持距离的好，否则到头来你什么也得不到。

已经28岁的许嫣找到大自己两岁的学姐哭诉着：“我当初要是听了你的话，也不至于现在弄得‘伤痕累累’。”原来，许嫣刚工作的时候，已经工作了两年的学姐就给了她这样一个建议：爱上一个什么样的男人都可以，但千万不要爱上你的老板，特别是已婚老板！当时，许嫣并没有当回事，还乐呵呵地说：“姐你想得真多，我才不会犯这样低级的错误呢！”但多年以后，她真的就爱上了自己的已婚上司。

第一次见到他时，这个中年男人的那种成熟与稳重便深深地吸引了年纪轻轻的许嫣。后来的工作期间，许嫣发现自己的上司无论是在外应酬，还是在操持公司内部的事物时都有一股难以抵挡的魅力。渐渐地，许嫣对

自己的上司产生了迷恋。如果哪一天他不来上班，许嫣便有点儿魂不守舍，而当他出现在公司的时候，许嫣的眼神里便有了异样的光彩。

一次出差，让两人的关系发生了巨大的转变。根据总部的安排，他们先做了一个地区上的工作汇报，接着便要参加一个大型晚宴。许嫣当然不会放过这个在上司面前展示自己的机会，她准备了一套性感的晚礼服，并且希望在今晚能发生点什么。一切如许嫣料想中的那样，两人在觥筹交错中晕眩，自然而然地发生了本不该发生的一切。第二天醒来，许嫣的上司道歉说自己没有办法给她一个未来，而这时的许嫣早已被爱情冲昏了头脑，不顾一切地扑向了对方的怀抱。

两人就这样从女下属与男上司的关系迅速转变为了“情人”关系。可就在许嫣还沉浸在自以为是的幸福中时，情人上司却因为被调到了公司总部而渐渐不与她联系了。痛苦万分的许嫣后来才得知，这是他自己极力要求的，目的就是摆脱自己。后悔已经晚了，这期间许嫣付出了她的一切，甚至为了他打过胎。

办公室是发展事业的地方，你大可放心地去爱上你的事业，因为它终会给你想要的回报；而爱情，还是别谈得好。他再英俊、再温柔、声线再磁性，请你别看在眼里、爱在心上，尤其别爱上有妇之夫。不要爱他，更不要想他，不要对他的体贴照顾心生诸多牵挂，他不能给你结果，你不能给他承诺，爱来爱去白白受伤不算，还影响前途大好的工作。行业圈子有些流言蜚语，你避不开躲不掉，只能换个行当重新开始。就像《大话西游》里说的：“何苦呢？何必呢？”

女人应该明白，真正属于你的爱情，不是与另一个等待着他回家的女人共同分享一个男人。千万不要盲目地扑向已婚上司的怀抱，女人啊，请先爱自己，先周全自己，把自己的职责任务理清楚了，再去利用 8 小时以外的时间。爱情是一场战争，你可以付出你的心、你的情，但是，请保留一定的底线。

10. 为工作而生活，不要为了生活而工作

我们应该带着极大的热情投入到工作中去，把工作当成一种享受，而不是一种负担。可以说，工作的过程就是学习的过程，就是自我积累知识的过程，只有自己的专业知识技能提升并真正转化为了经验，自己的个人价值才能够被认可。

撒切尔夫人曾坦诚地描绘自己的工作热情："我的生活是我的工作，有些人为生活而工作，我是为工作而生活。"英国政坛老手、撒切尔夫人麾下的核心人物威廉·怀特洛曾评价撒切尔夫人："她的工作精力十分惊人。如果谁认为女人不具备男人那样的精力，那他就大错特错了。"撒切尔的精力比男人还要旺盛。工作一天下来，当周围的人都累得精疲力竭时，她仍然精神抖擞。撒切尔夫人的热情里往往包含着巨大的能量，这些能量使她突破了常人的极限，使不少强有力的政客也望而生畏。

我们一定还记得刚出来工作的时候，怀着未酬的壮志，揣着对未来美好的憧憬，心中燃烧的激情让我们感觉自己浑身有使不完的劲。我们从不会迟到早退，不在意自己拿的是最少的工资，总是争抢着去干又脏又苦的活，我们相信我们的付出一定会赢得回报。

的确，如果我们的激情能够持续下去，那么我们所得到的回报一定会超过我们的预期。但是遗憾的是，杂乱琐碎的工作渐渐黯淡了我们热情的双眼，单调枯燥的日子一点点湮灭了我们内心激情的火焰。

本来是自己向往已久的工作，做了一段时间后，慢慢就失去了活力、激情和斗志，感到无法承受现在的工作压力，不能胜任现在的工作，觉得自己的思想就像被吸光了一样，毫无灵感，心情也变得极度烦躁，经常感

到疲倦，对什么都不感兴趣。

高美是一名普通的人民警察，女警察在外人看来很酷。其实，她的压力非常大，每天要面对就的是犯罪、流血。通宵值班是常有的事情，单位平均每名警察每周值班两天，一值就是整整24个小时。随时要准备应付突发事件，第二天休息两三个小时，又马上连轴转了。高美形容自己是个没有心的永动机，因为很多时候她都是在机械地处理工作，值晚班、做笔录、抓小偷，等等。

在人们心目中，警察就是所有人的保护神。但是，高美再也不像刚上班的时候那样为此感到自豪了。她现在最害怕有人喊她女警察。她觉得“警察”这两个字，自己已经承受不起了。有时候，她甚至想离职，换一份轻松点儿的工作。

所有的工作都是枯燥的，即便是当初让你热情四溢的工作，也会随着时间的推移，慢慢变得千篇一律，索然无味。比如，今天，让你拿着公司的大印往一份份文件上盖章，你会觉得新鲜刺激极了，甚至会让你错认为自己就是什么权力倾天的大人物，为此还暗自得意。但是，让你天天重复这一动作，一天两天、一周两周，如果你还能忍受，那么，半年一年，可就够你受的了。工作内容的单调、枯燥、乏味，吞噬了很多人的工作热情，让他们感觉到自己就像一台重复工作的机器，已经不知道喜怒哀乐为何物。

失去了激情，工作也就成了“食之无味，弃之可惜”的鸡肋。如果让此种情绪持续下去，那么你在职场的未来也会变得越来越模糊。只有那些善于从重复枯燥的工作中发现乐趣的人，才能激发出内在的工作动力，从而取得一定的成就。

其实工作就是一个不停重复的过程，在这个过程中我们要学会思考，认清自己的态度。人活着不是完全为了钱而活着，要把挣钱的过程当做生活快乐的标准。

各行各业，凡是成功者，最重要的关键就是他们不把工作当做工作在做，而是将其视为一种长久以来的兴趣驱动。快乐其实是一种习惯，不管环境怎么变化，不管工作有多么繁琐和重复，我们的快乐决心是不会改变的。当我们能换一种心态去看待自己的工作时，热情就会像泉水一般，源源不绝。

把工作当做一种爱好，你才会发觉：其实工作并没有那么多的繁琐和重复。只要让自己保持对工作的热情，你就能把工作做得更好。

兴趣是最好的老师，它让我们全身充满热情和动力，并赋予我们一种无形的力量。从现在起，把你的工作变成你的最爱吧！这样，你不仅可以拿出更大的热情投入工作，还可以享受沉醉在兴趣和爱好之中的乐趣。